Künstler
und ihre Gärten

17

Bill Laws

Künstler und ihre Gärten

Aus dem Englischen von Christian Kennerknecht

KNESEBECK

Titel der Originalausgabe: Artists' Gardens
Erschienen 1999 bei Cassell,
einem Imprint von Cassell plc, London

Die Deutsche Bibliothek – CIP-Einheitsaufnahme

Ein Titeldatensatz für diese Publikation ist bei
Der Deutschen Bibliothek erhältlich

Deutsche Erstausgabe

3. Auflage 2002
Satz: satz & repro Grieb, München
Printed in Hong Kong
ISBN 3-89660-102-4

Seite 1: Lilien im Garten von Frederick Carl Frieseke in Giverny.
Seite 2: Eine abstrakte Skulptur von Barbara Hepworth in ihrem Garten in Cornwall.
Seite 6: Der Blumengarten von Gertrude Jekyll in Hestercombe im Südwesten Englands.

Inhalt

7 Einleitung
Über die Gärten der Künstler

8 Pierre Auguste **Renoir**
Les Collettes, Cagnes-sur-Mer, Frankreich

16 Henry **Moore**
Hoglands, Hertfordshire, England

26 Jennifer **Bartlett**
Greenwich Village, New York, USA

34 Frida **Kahlo**
Casa Azul, Mexico City

44 Gustave **Caillebotte**
Yerres und Petit Gennevilliers, Frankreich

52 William **Morris**
Red House, Kent, England

62 Isamu **Noguchi**
New York, USA

72 Patrick **Heron**
Eagles Nest, Cornwall, England

82 Childe **Hassam**
Appledore Island, New Hampshire, USA

92 Peter Paul **Rubens**
Rubenshuis, Antwerpen, Belgien

102 Paul **Cézanne**
Chemin de Lauves, Aix-en-Provence, Frankreich

110 Joaquín **Sorolla**
Madrid, Spanien

118 John James **Audubon**
Louisiana, USA

126 Kim **Ondaatje**
Blueroof Farm, Ontario, Kanada

134 Claude **Monet**
Giverny, Normandie, Frankreich

144 Carl **Milles**
Lidingö, Schweden

154 Barbara **Hepworth**
Trewyn, Cornwall, England

162 Frederick Carl **Frieseke**
Giverny, Normandie, Frankreich

170 Gertrude **Jekyll**
Munstead Wood, Surrey und Hestercombe, Somerset, England

180 Emil **Nolde**
Seebüll, Friesland, Deutschland

190 Danksagung

190 Bildnachweis

191 Register

Über die Gärten der Künstler

Künstler hatten schon immer ihre ganz persönliche Einstellung zu den grünen Paradiesen vor ihrem Haus. Für Paul Cézanne und seinen Zeitgenossen Gustave Caillebotte war der Garten Arbeits- und Rückzugsstätte zugleich; Henry Moore und Barbara Hepworth sahen ihn als Galerie. William Morris und John James Audubon fanden in ihren Gärten die Motive für ihr Werk, während der spanische Impressionist Joaquín Sorolla sich einen stimmungsvollen maurischen Patio schuf. Begegnet ein Künstler der Natur, so kommt auch das, wie Patrick Heron es nennt, »Bewußtsein des Malers« ins Spiel, und kein Künstler kann durch einen Garten gehen, ohne das, was er sieht, völlig unwillkürlich in einen Rahmen zu stellen oder mitunter gar zu verbessern. Der unbefangene Betrachter hat die Schönheit vor Augen, der Künstler das gestaltete Werk.

Manche Künstler malen, was sie sehen – andere malen, was sie fühlen. »Ich weiß, daß ich nicht nach der Natur malen kann, aber ich liebe die Auseinandersetzung mit ihr«, sagte Pierre Auguste Renoir. Auch Gärtner ahmen in ihrer Arbeit die Natur nach und erschaffen doch auch Neues. Überhaupt greifen sie zurück auf Techniken des Künstlers, wenn sie mit der Perspektive spielen und mit den changierenden Effekten von Licht, Farbe und Schatten experimentieren, um ihr kleines Paradies zu vollenden. Die kanadische Malerin Kim Ondaatje hat einmal gesagt, für sie sei ihr Garten »wie eine weiße Leinwand«; sie denke »über jede einzelne Stelle nach, ohne aber das Ganze aus den Augen zu verlieren«; Gertrude Jekyll widmete, nachdem sie die Malerei aufgegeben hatte, ihre Zeit der Gartengestaltung, wobei »jede Pflanze oder Gruppe von Pflanzen ein Gemälde darstelle«.

Erfolgreiche Künstler sind jedoch nicht zwangsläufig gute Gärtner. Childe Hassam, ein Vertreter des amerikanischen Impressionismus, hätte ohne die Inspiration durch den Garten einer Freundin, der Dichterin Celia Thaxter, seine vibrierend-kraftvollen Bilder vielleicht nie gemalt. Und Claude Monets Nachbar Frederick Frieseke war ebenso abhängig vom grünen Daumen seiner Frau wie Renoir von den gärtnerischen Qualitäten Alines. Warum preist man den Künstlergarten und nicht den Garten eines Staatsmannes, der sich gut für einen öffentlichkeitswirksamen Auftritt eignet, oder den Garten eines Bahnhofsvorstehers, der bekannt dafür ist, den Bahnreisenden mit bunten Blumenrabatten zu erfreuen?

Berührungspunkte zwischen Kunst und Gartengestaltung hat es immer gegeben (im alten China gehörten beide fast untrennbar zusammen – eine fernöstliche Tradition, die heute noch in den minimalistischen Skulpturengärten von Isamu Noguchi lebendig ist), und der maßgebliche Einfluß, den Künstler wie William Kent, Humphry Repton, Morris und Jekyll auf die Gartengestaltung hatten, ist nicht von der Hand zu weisen. Unabhängig davon legen gerade Künstler sehr oft phantasievolle und außergewöhnliche Gärten an. Sie finden sich nicht einfach ab mit einem nichtssagenden Stück Natur – Monet zum Beispiel konnte den langweiligen Garten, den er in Giverny ursprünglich vorfand, nicht ertragen –, und der Künstler als Gärtner ist auch immer gut für eine Überraschung: Man denke nur an die bizarren Wasserplastiken des schwedischen Künstlers Carl Milles, den innovativen, terrassenförmig angelegten Stadtgarten von Jennifer Bartlett und die rätselhafte Gartenanlage von Emil Nolde. Und Künstlergärten erzählen oft eine Geschichte über die Künstler selbst: Peter Paul Rubens verriet sich als glühender Anhänger der im 17. Jahrhundert grassierenden Tulpenmanie; Patrick Herons Garten enthüllte das untergründige Beziehungsgeflecht zwischen seinen kühn-schönen Bildern und der sturmgepeitschten Küstenlandschaft Cornwalls; Ondaatjes Methoden des organischen Landbaus und ihr »wilder, gezähmter« Garten erweisen den Lehren eines indianischen Freundes aus ihrer Kinderzeit die Ehre; und die einheimischen Artefakte, die den mexikanischen Innenhof der Casa Azul von Frida Kahlo bevölkern, sind ein Hinweis darauf, wie sehr diese Künstlerin in ihrer nationalen Identität verwurzelt war.

In diesem Buch werden Maler und Bildhauer vorgestellt, die bleibenden Ruhm erlangt haben, und solche, die mittlerweile in Vergessenheit geraten sind. Auf dem Höhepunkt ihrer künstlerischen Ambitionen stemmten sie sich fast alle gegen Geschichte, Konventionen und Zeitgeist gleichermaßen, um den adäquaten künstlerischen Ausdruck zu finden. Das Neue, das von den Impressionisten des 19. oder den Expressionisten des 20. Jahrhunderts ausging, irritierte zuweilen die Öffentlichkeit und brachte den Künstlern zu Lebzeiten oft negative Kritiken ein.

Grenzen einzureißen ist ein einsames Unterfangen, und es erstaunt daher nicht, daß viele Künstler es vorzogen, die öffentliche Auseinandersetzung zu meiden und sich zurückzuziehen in die private Welt ihrer Gärten. Und seit dem Garten Eden und den entsprechenden persischen und islamischen Paradiesgärten sind wir des Schauens nicht müde geworden.

Pierre Auguste

Renoir

(1841–1919)

Olivenbäume im Mittelmeerraum stehen meistens in Reih und Glied, ordentlich zurechtgestutzt, um die Erntearbeiten zu erleichtern. Bei ungehindertem Wachstum würden ihre Zweige himmelwärts streben, der Stamm würde immer neu ausschlagen und das seltsam gewundene Wurzelwerk sich nur um so fester in die dünne Humusschicht krallen.

»Olivenbäume können es in sich haben!« schrieb der impressionistische Maler Pierre Auguste Renoir einem Freund. »Du kannst Dir nicht vorstellen, welches Kopfzerbrechen sie mir schon bereitet haben. Ein Baum, erfüllt von Farben. Dabei nicht einmal besonders groß. Diese kleinen Blätter haben mich schon an den Rand der Verzweiflung gebracht. Ein Windstoß, und ihre Farbgebung hat sich völlig geändert. Die Farbe ist nicht auf den Blättern, sondern zwischen ihnen.«

Was den Künstler letztendlich so frustrierte, waren die knorrigen, jahrhundertealten Olivenbäume, die in Renoirs Garten in Les Collettes in Südfrankreich standen. Sie waren noch zu einer Zeit gepflanzt worden, als billige Arbeitskräfte und lange Leitern noch leicht zu finden waren, und aus diesem Grund hatte man sie auch nur selten gekappt. Ungefähr die Hälfte dieser Bäume gibt es auch heute noch. Der Besucher des Gartens findet unter dem dichten Blätterdach der ausladenden Kronen Schatten und bewundert die ausgefallenen, fast skulpturhaften Formen der gekrümmten Wurzeln. Aber ohne das entschiedene Einschreiten Renoirs wären all diese Bäume schon vor langer Zeit der Axt zum Opfer gefallen.

Renoir verbrachte die letzten elf Jahre seines Lebens in Les Collettes, wo er nach einem unruhigen Wanderleben endlich zur Ruhe gekommen war. Sein gesundheitlicher Zustand in jener Zeit verschlechterte sich zusehends und er sah hager und ausgezehrt aus, eine Spätfolge seines Einsatzes in der französischen Kavallerie während des Deutsch-Französischen Krieges. Die graue Kälte der französischen Winter verschlimmerte eine rheumatische Erkrankung, an welcher er seit einem zehn Jahre zurückliegenden Fahrradunfall litt. Kuraufenthalte in

Morgenstimmung im Garten von Les Collettes (links), jenem Anwesen in der Provence, wo der impressionistische Maler Pierre Auguste Renoir die letzten Lebensjahre verbrachte. Renoir rettete den Garten mit seinen knorrigen, jahrhundertealten Olivenbäumen und Palmlilien vor der Zerstörung. Er malte sein Paradies fast täglich.

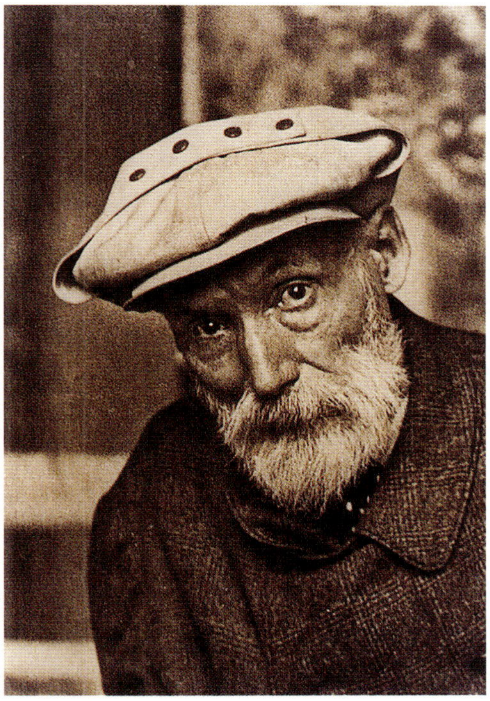

Badeorten wie Saint-Laurent-les-Bains und Bourbonne konnten die Schmerzen nicht lindern; Erleichterung, so schien es, fand er nur beim Malen. »Meine Gedanken kommen einfach zur Ruhe, wenn ich Blumen male«, äußerte er sich einmal einem Freund gegenüber.

Im Jahr 1906, als er zusammen mit seiner Frau Aline in einem kleinen Haus mit Garten in Cagnes-sur-Mer den Winter verbrachte, erfuhr Renoir, daß das Anwesen Les Collettes verkauft werden und der dazugehörige alte Olivenhain einer Gärtnerei Platz machen sollte. Neugierig geworden, ließ Renoir seinen Chauffeur und Gärtner, Baptistin, vorfahren und machte sich mit ihm zusammen auf, den betreffenden Ort zu besichtigen. Cagnes-sur-Mer liegt an der Riviera, jenem siebzig Kilometer langen Küstenstreifen, der sich von dem ehemaligen Fischerdorf Cannes bis zur italienischen Grenze erstreckt. Mit ihren vielen opulenten Villen, den teuren Hotels, dem heißen Asphalt und den sterilen, gepflegten Parkanlagen führt die Riviera nur allzu deutlich vor Augen, wo der exzessive Tourismus unserer Tage enden kann. Auch in Renoirs Tagen herrschte der Rummel schon vor, verglichen mit den herb-schönen Gegenden im Hinterland der Provence. Das war eine ganz andere Welt. Unter der sengenden Sonne schmorten in einer Mulchschicht aus gemahlenem Kalkstein und Schiefer lange Reihen von Weinstöcken. Auf den niedrigen Hügeln stand ein Olivenbaum neben dem anderen, und über den Feldern schwebte ein

ätherischer Blütenduft, den die zur Parfumherstellung in Grasse angebauten Pflanzen verströmten.

Les Collettes und die dazugehörigen dreieinhalb Hektar Grund liegen an einem Südhang mit Blick über das Mittelmeer. Früher war Les Collettes ein bäuerliches Anwesen mit einem ziegelgedeckten Gärtnerhäuschen und einem traditionellen Wohnhaus. Es gab einen Oliven-, Orangen- und Zitronenhain, einige Parzellen zum Gemüseanbau, ein Wäldchen aus Eichen und Pinien sowie eine verschwenderische Fülle von blühendem Oleander und Pelargonien. Alles war in das klare Licht des Mittelmeerraums getaucht – ein Licht, dessen besondere Qualität schon eine Vielzahl von Künstlern gefesselt hat, unter ihnen Pierre Bonnard, Paul Cézanne, Pablo Picasso, Henri Matisse, Raoul Dufy und Joan Miró. Schließlich ließen sie sich alle an der Riviera nieder. Genau wie sie suchte Renoir dieses Licht wie eine Motte die Flamme einer Kerze.

Renoir fühlte sich von Les Collettes förmlich angezogen, schon bei jenem ersten Besuch. Der Friede des

Der Olivenbaum ist »bei grauem Wetter traurig, bei Sonnenschein volltönend und bei Wind silbrig«, schrieb Renoir. Er verherrlichte die alten Olivenbäume von Les Collettes (rechts) auf vielen Gemälden, darunter »Landschaft bei Cagnes« (oben).

Ortes schien wie für ihn geschaffen zu sein, während die Bedrohung der alten Bäume einen wunden Punkt in ihm berührte. Einmal hatte er ein Haus in Essoyes gekauft, Alines Heimatort im Département Aube, aber für Renoir wurde der Ort durch ein fürchterliches Sägewerk in der Nähe unerträglich. Der Maler war ein überzeugter Umweltschützer – laut seinem Sohn, dem Regisseur Jean Renoir, vollführte sein Vater bei Spaziergängen merkwürdige Tänze, nur um ja keine Blume zu zertreten. Sogar den einfachen gelben Löwenzahn versuchte er zu schonen. Das Schicksal der alten Olivenbäume lag in seiner Hand: Renoir kaufte Les Collettes auf der Stelle.

Nach Meinung Alines, die früher einmal Modell für ihn gestanden hatte und seine Geliebte war, später auch die Mutter seiner drei Kinder, war das bäuerliche Anwesen zu bescheiden für ihren »lieben, großen Renoir«, wie sie ihn zu nennen pflegte. Das Ehepaar stritt sich kurzzeitig darüber, ob man das alte Gemäuer nicht ersetzen sollte durch ein passenderes, von einem Architekten entworfenes Domizil. Am Ende gewannen beide. Das Bauernhaus blieb stehen – es erscheint auf vielen Gemälden Renoirs –, und ein neues Wohnhaus entstand in der Nähe des großen Lindenbaums. Aber Pierre Auguste Renoir hat den Neubau nie gemalt.

Les Collettes umgab weiterhin ein heiter-natürlicher Bauerngarten, eine Heimstätte für Schmucklilien und Lavendel, für Iris und Bambus in verschwenderischer Zahl, für Gruppen von Zypressen, Pinien und Palmen sowie für einen prächtigen Erdbeerbaum *(Arbutus unedo)*. Von seinen Malausflügen her kannte Renoir die formstrengen, italienischen Gartenanlagen sehr wohl, und auch Monets überschwengliche Kreationen in Giverny (siehe S. 134ff.) waren ihm vertraut, aber er widerstand der Versuchung, dem Garten von Les Collettes seine Urwüchsigkeit zu nehmen. Er plante zwar einmal einen formvollendeten Garten, der für seine Skulptur »Venus Victrix« die passende Umgebung bilden sollte, aber ein solcher kam nie zustande.

In der Zwischenzeit brachte Aline den Garten durch harte Arbeit zu seiner Vollendung. Sie pflanzte, schnitt, düngte und erntete, wie es die Jahreszeit gerade verlangte. Als patente Tochter eines Weinhändlers versorgte sie die Ziegen, die Kaninchen und die Hühner, kümmerte sich darum, daß die Artischockenbeete immer aufge-

lockert wurden und handelte mit der Parfumfabrik in Grasse einen akzeptablen Preis für die jährliche Orangenblütenernte aus. Sie düngte unermüdlich die terrassenförmig angelegten Rabatten vor der Eingangstür mit Weintraubenschalen, und das erste von den eigenen Oliven gepreßte Öl brachte sie mit Stolz ins Haus, um alle davon kosten zu lassen.

Der Gärtner Renoir schuf großzügige, farbig einheitliche Flächen. Unter die weißen und pinkfarbenen Oleanderbüsche, die den Weg zum Haus säumten, setzte er die silberfarbenen Ranken des Wurmkrauts, und die Schwertlilien, die im Frühjahr ein Meer von malvenfarbenen und blauen Blüten hervorbrachten, pflanzte er nur in großflächigen Gruppen. Grundsätzlich aber vertrat er die Ansicht, man müsse den Garten einer gemäßigten Verwilderung überlassen und dabei den fruchtbaren Frieden und die Ruhe eines intakten Bauerngartens erhalten. Kein Gärtner durfte ohne die Erlaubnis des Hausherrn das Gras mähen oder Unkraut in einem Pfad jäten. Der Natur ließ Renoir freie Hand. Was auf den Graspolstern unter den Olivenbäumen der Jahreszeit entsprechend blühte und sich durch Samenflug vermehrte, waren Mohnblumen und Senf, Gänseblümchen und Sauerampfer, Lavendel und Ringelblumen. Dieser natürliche Kreislauf – Bestäubung und Blüte, Frucht- und Samenbildung – trug seine künstlerische Arbeit und bestimmte seine Lebensauffassung. Die Welt, sein Garten und seine Gemälde waren voneinander unabhängige Bereiche, und für ein harmonisches Zusammenspiel war jeder einzelne Bereich von Bedeutung. »Wenn ich Blumen male, dann denke ich sehr gründlich über die Farbgebung nach, die einzelnen Nuancen, ohne mir Sorgen zu machen, das Bild als Ganzes aus den Augen zu verlieren«, sagte er einmal zu einem Freund. Für den Maler Renoir bot die gerade noch gebändigte Wildheit eines Gartens genügend Anschauungsmaterial. »Wenn man das Blatt eines Baumes ohne natürliches Vorbild malt, riskiert man bald, sich zu wiederholen«, soll er gesagt haben. »Die eigene Vorstellungskraft gibt nur wenige Blätter vor, während die Natur, an einem einzigen Baum, Millionen von Blättern parat hält. Der Künstler, der nur malt, was er im Kopf hat, wiederholt sich zwangsläufig sehr bald.« Wäre es nach Aline gegangen, so hätte sie versucht, Les Collettes zu bändigen und zu ordnen. Doch begnügte sie sich damit, ihre stark duftenden Rabatten anzulegen, die Rosen zu pflegen und ihre gärtnerischen Fähigkeiten im Bereich der Gewächshäuser und Frühbeete einzusetzen; immer darum bemüht, über das ganze Jahr hinweg Blüten und Früchte für die Stilleben ihres Mannes hervorzuzaubern.

Renoir malte einige wenige Landschaften im kristallklaren Licht der Provence, aber nur sehr selten im Winter, da er die Kälte verabscheute: »Selbst wenn man die Kälte gerade noch erträgt, warum Schnee malen? Schnee ist eine der Krankheiten der Natur«, sagte er einmal.

Renoirs Meisterschaft lag auf dem Gebiet der Portraitmalerei. Trotz negativer Beurteilungen (ein Kritiker nannte das Bild »Weiblicher Akt im Sonnenlicht«, ein feinfühlig gemalter Frauenakt in der Natur, der vor Licht schillerte, einen »Berg verfaulenden Fleisches«) blieb der weibliche Körper sein bevorzugtes Thema. »Malen Sie mit derselben Freude, die Sie empfinden, wenn Sie mit einer Frau schlafen«, riet er einem jungen Maler. Für gewöhnlich arbeitete Renoir im Gartenatelier, wenn er Gabrielle malte, Alines Nichte und Hausmädchen, oder irgendeine Frau aus dem Dorf, die dazu überredet worden war, ihm Modell zu stehen. Das Modell lag auf der Wiese im Freien, unter dem Schatten der großen, grauen Olivenbäume. Es war die Rose, die ihn inspirierte und ihm letztendlich das Licht und die Töne eingab, die er für das Inkarnat des nackten Fleisches brauchte.

Renoir wollte für seine Skulptur »Venus Victrix« einen formstrengen Garten anlegen, der eine passende Umgebung bilden sollte, doch seine Pläne zerschlugen sich. Er gab sich zufrieden mit einem natürlich-heiteren Garten, in dem efeublättrige Pelargonien und Nektar verströmende Engelstrompeten (Brugmansia) *blühten (oben).*

Band eines Strohhuts steckt. So ist es nicht weiter verwunderlich, daß die Rosenzüchter in der Provence, deren klassische Züchtung »Frieden« im Jahr 1945 das Ende des Zweiten Weltkriegs markieren sollte, Pierre Auguste Renoir 1909 mit einer eigenen, nach ihm benannten Rose überraschten.

Als er mit seiner Familie zum ersten Mal nach Cagnes-sur-Mer kam, war Renoir, der ehemals arme Pariser Fabrikarbeiter, bereits ein angesehener alter Mann, Nestor der Kunstwelt und enger Freund von Claude Monet. »Ohne den guten Monet, der uns allen Mut machte, hätten wir resigniert«, sagte er einmal. Künstler wie Amedeo Modigliani, Chaim Soutine und Henri Matisse fanden den Weg zum Haus des Malers, um ihm ihren Respekt und ihre Bewunderung zu erweisen. Trotz seines Ruhms und seines Reichtums fuhr er fort, wie ein Besessener zu arbeiten.

Die mediterrane Atmosphäre hatte seine schöpferischen Kräfte neu belebt, und unter ihrem Einfluß schuf er, in dieser produktivsten Periode, mehr als 500 Bilder. Jetzt war die Zeit für ihn gekommen, seine klassische Auffassung der Bildkomposition mit der impressionistischen Lichtbehandlung zu verbinden. Erstmals in seinem Leben arbeitete er nun auch auf dem Gebiet der Bildhauerei und schuf Skulpturen wie die sinnlich-schöne »Venus Victrix«; ein Werk, das wiederum später Pablo Picasso beeinflussen und inspirieren sollte.

Im Jahr 1915, nachdem ihr Sohn Jean im Ersten Weltkrieg schwer verwundet worden war, starb Aline an den Folgen dieses für sie traumatischen Erlebnisses. Ohne ihre ordnende Hand wirkte der Garten bald ungepflegt und begann schließlich zu verwildern. Renoir, dessen gesundheitlicher Zustand sich permanent verschlechterte, wußte, daß seine Tage gezählt waren. Dennoch malte er unaufhörlich. Seine Hände, verkrüppelt von

Schon im Alter von dreizehn Jahren hatte Renoir als Lehrjunge in einer Pariser Porzellanmanufaktur seine ersten *sous* damit verdient, Rosenbordüren auf Untertassen und Teller zu malen. Auch in späteren Jahren war es immer eine Rose aus dem Garten, die er als tägliche Vorübung skizzenhaft auf das Papier bannte, um sich danach einer anspruchsvolleren Aufgabe zu widmen. In größere Gemälde fügte er gern eine Rose ein, als Symbol der Sinnlichkeit, und um die bezaubernde Schönheit seiner Modelle zu betonen. Die »Weiblichen Badenden im Wald« war ein bedeutendes Werk, das Renoir selbst als die Synthese aller Experimente seines Lebens bezeichnete, und das zur Grundlage für alle zukünftigen Arbeiten wurde. Auf dem Gemälde ist all das abgebildet, was für Les Collettes so typisch ist: im Hintergrund die milchigblauen Hügel der Provence, die schattenspendenden Olivenbäume und, neben dem cremig-roséfarbenen Arm der Nackten im Vordergrund, eine üppig rote Rose, die im

Aline, die Frau Renoirs, kümmerte sich um den Garten, so auch um die Irisbeete (oben), die orangefarbenen Wandelröschen und die blauen Schmucklilien (oben rechts). Die verschwenderische Fülle blauer Schwertlilien erinnert noch heute an ihre gärtnerischen Qualitäten. Obwohl Renoir auf Bitten Alines ein neues Wohnhaus in Les Collettes bauen ließ, malte er jedoch ausschließlich das bei ihrer Ankunft schon vorhandene alte Bauernhaus (gegenüber).

Arthritis, wurden von der treusorgenden Gabrielle mit Gaze verbunden. Sie steckte ihm einen Pinsel zwischen die Finger und führte ihn in den Garten, wo sie die Malpalette schon vorbereitet hatte. Im November des Jahres 1919, in seinem achtundsiebzigsten Lebensjahr, zog sich Renoir beim Malen im Garten eine folgenschwere Erkältung zu. Am Sonntag, dem 30. November, begann er ein Stilleben mit zwei Äpfeln. Am Mittwoch darauf, frühmorgens, starb er. Er lag in Alines Schlafzimmer im ersten Stock des Wohnhauses von Les Collettes. An seiner Seite waren zwei seiner Söhne, Jean und Claude, sein Lieblingshund Zaza lag am Fußende des Bettes. Der Blick aus dem Fenster zeigt ein Panorama, das er besonders geliebt hat: in der Ferne das Blau des Mittelmeers und im Vordergrund das Wäldchen mit den Pinien, die Orangen- und Zitronenbäume und der Rosengarten von Les Collettes.

Heute ist Les Collettes ein öffentliches Museum, das sich im Besitz der Stadt Cagnes befindet. Ausgestellt sind viele von Renoirs Gemälden und Skulpturen, und auch die alten Olivenbäume, die dem Künstler einmal ebensoviel Kopfzerbrechen wie Freude bereitet haben, stehen noch immer.

Henry

Moore

(1898–1986)

Die während des Zweiten Weltkrieges über London abgeworfenen Bomben veranlaßten Henry Moore, den bekanntesten englischen Bildhauer und Grafiker des 20. Jahrhunderts, sich wieder auf die Ruhe und den Frieden der für England so typischen Gärten zu besinnen. Moore hatte im Ersten Weltkrieg als junger Soldat die Giftgaseinsätze an der französischen Front überlebt; im Zweiten Weltkrieg wurde er offiziell von der Regierung seines Landes damit beauftragt, als »Kriegskünstler« 1940–1942 die Auswirkungen des Bombenkriegs mit künstlerischen Mitteln festzuhalten. Während er die Opfer des Blitzkriegs, die in U-Bahn-Schächten Schutz suchenden Bewohner Londons, in der farbigen Zeichenserie »shelter drawings« festhielt, wurde das Wohnhaus und Atelier des Künstlers in Hampstead bei einem Angriff deutscher Flugzeuge zerstört. Henry Moore, damals Anfang Vierzig, und seine Frau machten eine schwere Zeit durch; an Material heranzukommen war fast unmöglich, und der Kunstmarkt stagnierte. Die Bombardierung ihres Hauses zwang die Moores schließlich, außerhalb Londons Zuflucht zu suchen.

Henry Moore, 1898 als siebtes Kind eines Bergarbeiters in Yorkshire geboren, fiel schon als Kind durch seine künstlerische Begabung auf. Dennoch ließ er sich in den folgenden Jahren davon überzeugen, eine sichere Anstellung als Lehrer an seiner ehemaligen Schule der Existenz des freien Künstlers vorzuziehen. 1917 wurde er als Frontsoldat einberufen, und nach Kriegsende konnte er mit den Pensionszahlungen, die ihm als Soldat zustanden, seine künstlerische Ausbildung finanzieren, zuerst in Leeds, dann in London am Royal College of Art. Er war Mitte Zwanzig, als er eine Professur im Fach Bildhauerei am Royal College übernahm. Zehn Jahre später entschloß er sich, das Unterrichten ganz aufzugeben. Zu der Zeit hatte er bereits Irina Radetzky, eine Studentin der Malerei am Royal College, kennengelernt und geheiratet sowie klassisch-antike Kunst in Frankreich, Italien und Spanien studiert. Dann fand eine erste Einzelausstellung statt und Moore schuf seine erste abstrakte Skulptur. Während der Erste Weltkrieg somit zwar ein lebensbedrohlicher, aber letzten Endes auch fruchtbarer Einschnitt in seinem Leben war, erwies sich der Zweite Weltkrieg ausschließlich als lebensbedrohlich.

Der Bildhauer Henry Moore, Sohn eines Bergarbeiters, setzte sich in seiner Monumentalplastik über die künstlerischen Konventionen der Zeit hinweg. In seinem Garten (links) gezeigte Werke, wie »Goslarer Krieger« und, etwas weiter entfernt, »Dreiteilige liegende Skulptur: Wirbel«, trugen dazu bei, daß er heute einer der berühmtesten Bildhauer der Welt ist.

Henry Moore und seine Frau Irina retteten sich aufs Land, in die Gegend nördlich von London. Dort mieteten sie eines von zwei leerstehenden Cottages in Perry Green, einem Weiler in der Nähe von Much Hadham in Hertfordshire. Als Moore eine seiner »Liegenden«, eine monumentale Skulptur aus Ulmenholz, für dreihundert Pfund verkaufen konnte, war diese Summe gerade groß genug, um eine Anzahlung für den späteren Erwerb der Landhäuser zu leisten. Beide Cottages zusammen bildeten nun das neue Zuhause der Moores, das sie »Hoglands« nannten. Die Investition erwies sich als vernünftig: Henry und Irina sollten bis zum Tod Moores im Jahr 1986 in Hoglands bleiben.

In den vierziger Jahren lag Hoglands, das ganze weitläufige Grundstück mit dem Cottagegarten und den Gemüsebeeten, außerhalb des Weilers. An eine Seite der Wiesen grenzte ein ehemaliger Steinbruch, und die Felder wurden getrennt durch alte Hecken, in denen Wildrosen, Schwarzdorn und Weißdorn wuchsen; in kleinen Wäldchen standen Hainbuchen, Eichen, Eschen und Ulmen (bis sie in den siebziger Jahren dem europäischen Ulmensterben zum Opfer fielen). Der Garten und das

Weideland, seit Generationen von Schafzüchtern genutzt, waren in gutem Zustand und bereit für die Veränderungen, die nun anstanden.

Bei der Anlage eines neuen Gartens gibt es immer zwei entgegengesetzte Sichtweisen: die des Visionärs und die des Reformers. Der Visionär wird versuchen, mit einem festen Plan im Kopf und einem scharfen Spaten in der Hand, den Garten nach eben jenem Plan zu gestalten. Der Reformer dagegen wird bestrebt sein – nachdem er für ein oder zwei Jahre an und mit dem Ort gelebt hat –, die natürlichen Gegebenheiten deutlich zu machen und herauszustellen. Moore hatte von beiden etwas: Es war Moore, der Visionär, der Erdmassen und Geröll bewegte, um den kleinen Hügel aufzuschütten, der in der Folge oft für einen echten Grabhügel aus neolithischer Zeit gehalten wurde, aber dazu erdacht war, seine großen Skulpturen besser zur Geltung zu bringen. Moore, der Reformer, war es, der die alten Hecken und Bäume verschonte und der das Netzwerk von Wiesenpfaden schuf, die sich, ganz der Natur angepaßt, zwischen seinen Plasiken hindurchschlängelten.

Durch den Verkaufserlös einer Monumentalskulptur aus Ulmenholz konnten Henry Moore und seine Frau Irina zwei Cottages in Hertfordshire kaufen, die sie »Hoglands« nannten. Mit Moores wachsendem Ruhm wuchs auch das Grundstück, so daß jede Plastik, wie zum Beispiel »Große stehende Skulptur: Messerschneide« (oben) oder »Schloß und Schlüssel« (gegenüber), in einem passenden Rahmen, mit ausreichend Raum, ausgestellt werden konnte.

Während er sich auf die Anfänge seiner Karriere als Bildhauer konzentrierte, hatte Moore wenig Zeit, sich seinem Garten zu widmen. Aber er hatte sich schon immer sehr gern in der freien Natur aufgehalten und gestand ganz offen ein, daß seine Arbeit unmittelbar von natürlichen Formen beeinflußt war. »Die Natur nicht wahrzunehmen und nicht auf sie im künstlerischen Werk zurückzugreifen, halte ich für unnatürlich«, sagte er. »Sie inspiriert den Menschen seit zwei Millionen Jahren – wie sollte sie da je erschöpft sein?« Eine Quelle seiner Inspiration waren die alten, einfachen Hecken. Das »Green« im Ortsnamen Perry Green bezieht sich auf eine Lichtung in den Wäldern, die die Gegend in angelsächsischer Zeit bedeckten. Die Hecken, die Hoglands umschlossen, waren die letzten Überreste jener urtümlichen Waldlandschaft, und Moore zeichnete ihre verkrüppelten Stämme immer wieder.

Die Gartenanlage von Hoglands (der Name »Schweineland« verweist auf die Schweine, die früher in den Wäldern der Umgebung ihr Futter fanden), wurde zu einem berühmten Beispiel für den Garten als Galerie. Moore plazierte kleinere Kunstwerke auf dem Grundstück selbst und Monumentalplastiken in der natürlichen Umgebung der umliegenden Felder. »Manche Formen kommen am besten auf einer Wiese oder neben einem Teich zur Geltung, andere wiederum wirken besser, nachhaltiger, wenn man sie vor die rhythmisch zerklüfteten Konturen einer Baumgruppe stellt. Und wieder andere brauchen eine abseits gelegene Lichtung, eine von hohem Buschwerk umschlossene Grasfläche, die den Eindruck von Intimität vermittelt.«

Das Leben in Hoglands brachte ihn nicht nur der Natur näher, es konfrontierte ihn auch mit der Herausforderung, bei ganz gewöhnlichem Tageslicht zu arbeiten, besonders bei jenem diffusen, grauen Licht unter dem bedeckten englischen Himmel – jenem Licht, das, wie Moore meinte, »wirkliche bildhauerische Energie« freisetzt. Hier in Hoglands konnte Moore sogar bei schlechtem Wetter im Freien arbeiten – wenn er im Atelier tätig war, fühlte er sich wie in einem Gefängnis eingeschlossen. Während Irina den sich immer weiter ausdehnenden Garten bearbeitete, sich um Büsche und Blumenbeete kümmerte und die neu gepflanzten Bäume versorgte, entstanden unter den Händen Moores Kunstwerke, die die interessierte Öffentlichkeit in Spannung versetzten und manchmal verwirrten.

Mit diesen ausdrucksstarken Monumentalplastiken, die Moore in die Landschaft um Hoglands stellte, veränderte sich seine eigene, ganz persönliche Sicht der Dinge. Er sagte einmal, daß Farben für ihn fast keine Rolle spielten: »Ich glaube, es würde nichts ausmachen, wenn ein Bildhauer völlig farbenblind wäre. Ganz im Gegenteil, es wäre von Vorteil für ihn, er könnte sich dann mehr auf die reine Form und das Licht konzentrieren, ohne von der Farbe fasziniert und abgelenkt zu werden.« Was für ihn statt der Farbe mehr und mehr an Bedeutung gewann, waren die Topographie der Landschaft, das sich mit den Jahreszeiten verändernde Licht und sogar das allmähliche Wachstum der Bäume von Hoglands. Britische Gärtner freuen sich mit jedem Frühling wieder am neuen Wachstum in der Natur, und darin unterscheiden sie sich von der Gartentradition in Japan, wo der abgeschlossene Garten mit stets gleichem Aussehen befürwortet wird, dessen Status quo durch ständiges Zurückschneiden und Zurechtstutzen erhalten wird. Moore war fasziniert vom Wachstumsprozeß in seinem Garten. »Wie Bäume und Pflanzen darauf reagieren, daß es manchmal nicht genügend Raum oder Licht gibt, nämlich mit unregelmäßigem Wuchs, hat mich immer fasziniert. Wenn ein Baum mehr Licht braucht, dann wachsen seine Äste einfach in eine andere Richtung.«

»Mutter und Kind« (oben) in einer Waldlichtung und »Familien-Gruppe« in einem Meer von blauem Flachs: »Ich möchte mit meiner Kunst dazu beitragen, daß die Menschen das Leben und die Natur besser verstehen, daß sie die Augen öffnen und empfänglich sind.«

1950 – zwei Jahre, nachdem er den angesehenen Internationalen Preis für Skulptur auf der Biennale in Venedig erhalten hatte – arbeitete er immer noch in einem kleinen Atelier, das früher einmal der Dorfladen in Perry Green gewesen war. Dreißig Jahre später hatte Moore neun verschiedene Ateliers errichtet – auf einem Areal, das mittlerweile auf eine Größe von über dreißig Hektar angewachsen war. In einem dieser Ateliers, das als »Yellow Brick Studio« bekannt wurde, schnitzte er an seinen Holzskulpturen. Ein anderes Atelier, das als einziges mit einem Teppich ausgelegt war, befand sich neben dem Gemüsegarten und diente als Graphikatelier. Der wichtigste seiner Arbeitsräume war aber sicher das Maquettenatelier, das vollgestopft war mit Gipsabdrücken, Terrakottafiguren sowie diversen *objets trouvés*, die sich alle im Lauf von drei Jahrzehnten angesammelt hatten. Als kleiner Junge war er von seinen Spaziergängen oft mit vollgestopften Taschen nach Hause gekommen, und all diese Schätze – Kastanien, Schneckenhäuser und seltene Blätter – verwahrte er dann im Gartenschuppen der Familie. Das Maquettenatelier in Hoglands diente demselben Zweck und wurde der Ort, an dem Moore seine Objekte in handtellergroße Gipsmodelle umsetzte. Diese kleinformatigen Bozzetti waren der Ausgangspunkt für die in der Folge dann in Bronze gegossenen, mächtigen Plastiken.

Als junger Mann durchstreifte Henry Moore Adel Wood, das Naherholungsgebiet für die Einwohner von Leeds, und machte eine für ihn entscheidende Entdeckung, als er auf einen Findling traf. »Ich hatte noch nie einen so großen, einzeln in der Landschaft liegenden Steinbrocken gesehen, umgeben von uralten, verkrüppelten Bäumen. Er war seltsam, wies keinerlei Ähnlichkeit mit irgend etwas auf, nur eine ausdrucksstarke, befremdende Form.« Bevor Moore und seine Frau nach Hog-

Der Garten in Hoglands gab einigen der kleineren Bronzen Raum, zum Beispiel »Zweiteilige Figur: Messerschneide« (oben) und »König und Königin« (gegenüber). Ein Kritiker nannte sie eine Bedrohung, vor der die Öffentlichkeit geschützt werden müsse.

lands kamen, experimentierte er, immer noch unter dem Einfluß dieses Erlebnisses, mit Extremen der Abstraktion. In der Nachkriegszeit wandte er sich jedoch wieder gegenständlichen Themen zu: Seine Tochter Mary, geboren 1946, war noch ein Baby, als er die Arbeit an der Monumentalplastik »Familien-Gruppe« begann, die ein in den Armen einer Mutter- und Vaterfigur geborgenes Kind darstellt. Die im Jahr 1949 vollendete Komposition war die erste Arbeit, in der Moore eine männliche Figur zeigte – bis dahin hatte er ausschließlich Bildwerke sitzender oder liegender Frauen geschaffen. Diese überdimensionalen, in sich ruhenden Figuren erhielten nun ihren festen Platz in den Wiesen um Hoglands, wo Vater und Mutter auch heute noch die sanftwellige Landschaft gelassenen Blicks in sich aufnehmen.

Der Besucher jedoch, der sich Hoglands vom Dorf her näherte, konnte keine einzige der Plastiken sehen. Sein Blick fiel auf eine Rasenfläche und das aus dem 16. Jahrhundert stammende Haus mit dem hohen Giebel.

Monumentalplastiken wurden ganz in die freie, unbegrenzte Landschaft gesetzt – der Platz für »Schaf-Stück« (oben), mitten unter den grasenden Schafen, ist besonders gut gewählt.

»Es gibt viele Orte, die keinem Bildhauer je in den Sinn kamen – oder vor Augen –, die aber eine höchst passende Umgebung für eine Skulptur wären«, regte der Künstler an.

Hinter dem tadellosen weißen Zaun, den Weiden und den Sträuchern führte Moore ein arbeitsreiches, aber geordnetes Leben. Die unterschiedlich gestalteten Bereiche des Gartens, in denen viele von Moores Werken aufgestellt waren, wurden von Irina angelegt, und es war auch Irina, die nach der Gartenarbeit, immer um ein Uhr, das Mittagessen auf den Tisch brachte. Sie erwartete Pünktlichkeit. Inzwischen konnte der meistbeschäftigte Bildhauer Englands die Vielzahl der drängenden Aufträge nur mehr mit Hilfe eines immer weiter wachsenden Stabs von Mitarbeitern bewerkstelligen, darunter Hilfskräfte für das Atelier und Gärtner. Hohe Lagerräume wurden benötigt, Ladeplätze, Aufzüge, Kräne und Lastwägen.

Moore hatte also im wahrsten Sinn des Wortes alle Hände voll zu tun, jene Hände, mit denen er modellierte, Maß nahm (er hatte immer ein Maßband in der Hosentasche), die groben Werkzeuge des Bildhauers umfaßt hielt oder geschickt mit dem Taschenmesser die Form eines Bozzetto herausarbeitete. Es waren dieselben Hände, die in Moores Kindheit die Hüften seiner Mutter massiert hatten, um ihre quälenden Ischiasschmerzen zu lindern, und die im Geiste die Anlage und Ansicht Hoglands formten.

Trotz der Meinung eines Kritikers, der schrieb »Mr. Moores Werk ist eine Bedrohung, vor der die Öffentlichkeit geschützt werden muß«, sind Moores Plastiken weltweit verbreitet, weiter als die Werke eines anderen Bildhauers: Sie sind vor der Zentrale der UNESCO in Paris zu sehen, vor dem Lincoln Center in New York, vor der Gallery of Modern Art in Neu-Delhi und im Henry Moore Sculpture Center der National Gallery in Ontario. Aber jede Bronze ist doch mitgeprägt von der Stimmung der Landschaft und dem Gefühl von Freiheit in Hoglands. »Eine Skulptur gewinnt, wenn ihre Umgebung auch ihrer Eigenart entspricht; wenn das der Fall ist, dann ist es ein Gewinn für die Figur und ihr Umfeld. Mein eigener Garten ist offen, er geht direkt in die Landschaft von Hertfordshire über, und mir fiel auf, daß Leute, die sonst wenig Gespür für eine Skulptur aufbringen, durchaus bemerken, daß etwas nicht mehr im Lot ist, wenn eine Skulptur, die sie über längere Zeit gesehen haben, plötzlich fehlt.«

Es kam auch vor, daß eine Plastik aufgrund ihres Standorts in ihrem Äußeren verändert wurde. Die gigantische Bronze »Schaf-Stück« zum Beispiel erhielt ihren Platz auf einer flachen Kuppe im Weideland, das sich an den Garten in Perry Green anschloß. Dort stand sie aber zwischen einer Schafherde und deren Wassertrog, und Moore war eher erfreut als verärgert, als die Tiere sich um das Hindernis herum ihren Weg bahnten und mit ihrer Wolle den unteren Rand der Skulptur zu strahlendem Goldglanz aufpolierten.

Moores Plastiken verliehen dem Garten in Hoglands eine futuristische Dimension. In den fünfziger und sechziger Jahren jedoch, als die damals noch intakte Landschaft von Hertfordshire durch Kiesabbau, Rodung der Hecken und zunehmende Besiedlung zerstört wurde, war Hoglands der einzige Ort, an dem der ursprüngliche Charakter der Gegend bewahrt blieb.

Heute wird der Besitz von einer Stiftung verwaltet, die Gebäude und der Garten sind für Besucher geöffnet. Somit kann jeder Interessierte selbst erfahren, was Moore mit seiner Kunst beabsichtigte: »Ich möchte mit meiner Kunst dazu beitragen, daß die Menschen das Leben und die Natur besser verstehen, daß sie die Augen öffnen und empfänglich sind. Die Natur«, fügte er hinzu, »ist unerschöpflich.«

Jennifer

Bartlett

(geb. 1941)

Künstler sind, wie andere Menschen auch, oft dazu gezwungen, in der Großstadt zu wohnen und zu arbeiten, und diejenigen unter ihnen, die sich ein Leben ohne Garten nicht vorstellen konnten, haben es dann meistens doch geschafft, wenigstens eine kleine grüne Oase in der Nähe ihres Ateliers anzulegen, so zum Beispiel Frida Kahlo, William Morris, Peter Paul Rubens und Joaquín Sorolla. Vom islamischen Paradiesgarten im 8. Jahrhundert bis zu den Kübelpflanzen und dem Kunstrasen auf den Terrassen vor modernen Penthouse-Wohnungen bot der Garten in der Großstadt schon immer auch eine Rückzugsmöglichkeit angesichts der Hektik des Stadtlebens. In der zweiten Hälfte des 20. Jahrhunderts, als die Städte und Metropolen dramatisch anwuchsen, hatten Architekten oftmals innovative und phantasievollere Ideen zur Anlage von Stadtgärten als ihre eigentlich darauf spezialisierten Kollegen, die Gartenarchitekten. Die außergewöhnliche und exklusive Gartenanlage von Jennifer Bartlett, die sich über drei Ebenen eines umgebauten Eisenbahnlagerhauses in Greenwich Village mit Blick über die Dächer von New York erstreckt, erweist sich als ebenso radikal wie ihre Gemälde.

Diese Gärten, so konzipiert, daß sie sowohl zu ihrem komplexen urbanen Umfeld als auch zu den Wohnräumen des Hauses in engem Bezug stehen, sind eingeklemmt zwischen den angrenzenden Gebäuden und der Rückseite von Bartletts vierstöckigem Haus. Der konventionelle Garten im Erdgeschoß mit seinen Bäumen ist als schattenspendender Bereich gedacht; ein zweiter Garten mit geometrisch angelegten Blumenbeeten und einem kleinen Teich, in dem Fische schwimmen, liegt, an den Wohnbereich des Hauses angrenzend, im Stockwerk darüber. Darüber wiederum wurde der dritte Garten angelegt, mit erhöhten Beeten, Heidekraut, Gräsern, Sträuchern und Obstbäumen.

Dachgärten und terrassenförmig angelegte Gärten sind in den meisten Städten immer noch eine Seltenheit, obwohl Studien erwiesen haben, daß diese grünen Reservate die Luft- und Lebensqualität erheblich verbessern. Bartletts Garten auf höchster Ebene mit seinen vielen Blumen und Pflanzen, die wie Skulpturen wirken, macht einen besonders privaten Eindruck. Ein mit Ziegeln gepflasterter Pfad führt unter einem mit Rosen, Efeu und Glyzinien umrankten Rundbogen hindurch in einen nach Farben unterteilten Rosengarten: gelbe und cremefarbene, hochrote, weiße (»Eisberg« genannte) sowie leuchtend pinkfarbene Rosen. Dicht daneben wächst ein Weinstock, seine langen Ranken um eine Pergola geschlungen. In den erhöhten Beeten wurden Miniatur-Obstbäume und Bodendecker wie Ziest, Geranien, Mauerpfeffer und Frauenmantel *(Alchemilla)* angepflanzt. Grüne, rote und blaue Ziergräser wachsen in Blumentrögen, flankiert von kleinen Eiben in rechteckigen Behältern und von Geißblatt, Clematis und Purpurwinden *(Ipomoea)*, die sich an einem Spalier aus Metall in die Höhe ranken. Dieser höchstgelegene Garten beherbergt auch die den ganzen Winter über blühenden, mit Heidekraut bewachsenen Beete. In Töpfen gezogene Tulpen, Stiefmütterchen, Cosmeen und Dahlien werden in ihrer Blütezeit am Weg entlang aufgestellt. Schließlich gibt es noch einen kleinen kreisförmig angelegten Rasen, der in der Mitte mit Kamelien, Heidelbeeren, Glyzinien und Spalierbirnen bepflanzt ist.

Der außergewöhnliche Stadtgarten der Malerin Jennifer Bartlett erstreckt sich über mehrere Stockwerke ihres Hauses in Greenwich Village, New York (links). In ihrem künstlerischen Werk hat sie das Thema »Garten« wiederholt aufgegriffen.

Eine Wendeltreppe führt hinab zum Garten im ersten Stock. Hier wird der Verkehrslärm von friedlich plätscherndem Wasser übertönt, und sogleich fällt das Auge des Besuchers auf einen langen, mit Wasserpflanzen besetzten Brunnentrog, in dem japanische Zierkarpfen schwimmen. Getrimmte Hecken aus Buchsbaum umrahmen acht rechteckige Beete, den Abschluß bildet eine mit Clematis und Glyzinien bewachsene Schutzwand. Die Blumenbeete sind mit Narzissen bepflanzt, denen im Sommer Tagetes folgen, Gartenbalsaminen, Anemonen und das dem Gänseblümchen ähnliche Mädchenauge. Vor den Beeten steht eine Gartenbank, flankiert von zwei japanischen Weißkiefern und niederen, immergrünen Gewächsen.

Wieder im Erdgeschoßgarten angelangt, entdeckt der Besucher einen kleinen Hain von frei in den Himmel wachsenden Silberbirken. Den Platz unter den Bäumen teilen sich Stechpalmen, Astilben, Farn, wilder Ingwer und Funkien, umsäumt von wellig konturiertem Buchsbaum. Im Herbst setzen spätblühende Zyklamen mit ihrer Farbenpracht willkommene Akzente in diesem schattigen Garten.

»Twelve Noon« (oben) gehört zu Jennifer Bartletts »Air: 24 Hours« genannten Gemäldeserie, die persönliche Szenen aus ihrem Haus und ihrem Garten in New York umfaßt. An dieser Serie arbeitete sie ein ganzes Jahr, während der Garten (rechts) 1991 schon nach drei Wochen fertiggestellt war.

Die Anlage der Gärten begann im Mai 1991, und nach nur drei Wochen waren die Arbeiten abgeschlossen. Es wurden 40 Tonnen Humus verbraucht, ein kompliziertes Entwässerungssystem installiert und Hunderte von Bäumen und Sträuchern gepflanzt.

Dieses Refugium in Greenwich Village ist außergewöhnlich, entworfen von einer außergewöhnlichen Künstlerin. Jennifer Bartlett hatte die Entscheidung über ihre berufliche Zukunft schon sehr früh getroffen: Im Alter von fünf Jahren soll sie zu ihrer Mutter, einer Modegraphikerin, gesagt haben, daß sie in New York als Künstlerin leben werde. Sie hatte recht damit. Jennifer Bartlett gehört zu den Künstlerpersönlichkeiten ihrer Generation, die am meisten ausgestellt werden; sie ist berühmt für die Bandbreite an Materialien – Bleistift, Tusche, Ölfarben, Pastellkreide, dünnmaschige Stoffe für Siebdruck und sogar Spiegel –, die sie für ihre komplizierte, meist gegenständliche Malerei verwendet.

Bartlett wurde 1941 als ältestes von vier Kindern in Long Beach in Kalifornien geboren. Dort besuchte sie auch die Schule, wo sie mit ihrem Eigenwillen und ihrer künstlerischen Begabung sehr schnell auffiel – auch wenn sie es oft nicht nachvollziehen konnte, wenn ihr Kunsterzieher sich anerkennend über ihre Arbeiten äußerte: »Ich habe nie verstanden, was an dem, was ich hervorbrachte, gut war.«

Ihre künstlerische Laufbahn nahm konkretere Formen an, als sie sich am Mills College in Oakland einschrieb, jener Kunstakademie, die enge Verbindungen mit den Abstrakten Expressionisten in New York unterhielt. Darunter befanden sich Künstler wie Clyfford Still, Max Beckmann und Fernand Léger, die alle in Oakland gelehrt hatten. Die Bewegung der Abstrakten Expressionisten, die im New York der vierziger Jahre ihren Anfang nahm, bestand aus Malern, die für ihre übergroßen Leinwandformate einen expressiven Malstil propagierten: Sie benutzten große Pinsel, spritzten oder schleuderten sogar die Farbe auf die Leinwand in der Überzeugung, daß der spontane und impulsive Ansatz eine innere, unbewußte Kreativität freisetzen konnte. Auch Jennifer Bartlett begann zu experimentieren; 1963, in ihrem letzten Studienjahr, hatte sie ihre erste eigene Ausstellung an ihrem College.

Ihre Leistungen sicherten ihr einen Platz an der Yale Graduate School of Arts and Architecture, wo sie in den Einflußbereich einer anderen Gruppe experimenteller Künstler geriet. Yale, damals unter der Leitung von Josef Albers, einem ehemaligen Mitglied des deutschen Bauhauses, war zu einem Mekka der progressiveren Studenten geworden. Eine Reihe von Künstlern, die als Gastprofessoren in Yale lehrten, darunter Willem de Kooning, Stuart Davis und Ad Reinhardt, trugen dazu bei, die Schule mehr nach New York und seiner expandie-

renden Kunstszene auszurichten. Studenten wie Jennifer Bartlett bekamen dadurch die einzigartige Chance, schon sehr früh in New York auszustellen.

Während Bartlett studierte und später an der University of Connecticut in Storrs Kunst lehrte, brachten die sozialen und politischen Umbrüche der sechziger und siebziger Jahre eine Phase des intensiven Experimentierens in der Kunstwelt mit sich. Die Künstler versuchten, neue Konzepte, neue Stile und neue Ideen anzuwenden, von Minimalismus, Pop-art und Body-art bis hin zu Concept-art und Earth-art. Während diese Künstler immer neuen Ausdrucksmöglichkeiten, Materialien und Motiven nachspürten, um sich von der Masse abzuheben, fand Bartlett die ihr gemäßen Ausdrucksformen. Sie ersetzte die herkömmliche Leinwand durch Stahlplatten. Wie die Schilder in der New Yorker U-Bahn wurden ihre quadratischen Druckträger mit dreißig Zentimetern Seitenlänge zuerst mit einer weißen Emailschicht bedeckt, dann brachte sie im Siebdruckverfahren eine Abbildung auf die Platte, die sie mit Emailfarben übermalte, welche man auch in Hobbygeschäften zum Lackieren von Modellautos und Modellflugzeugen kaufen kann. Sie beschränkte sich auf vier Farben: Rot, Gelb, Blau und Grün; Schwarz und Weiß mit eingeschlossen. Die Farben wurden als Punkte aufgetragen, ausgerichtet an streng mathematischen Kombinationen und Reihen, wobei sie immer die gleiche Abfolge der Farben einhielt.

Im Jahr 1975, nachdem sich über tausend dieser bemalten Stahlplatten angesammelt hatten, begann sie ein überdimensionales Werk zu planen, das sowohl gegenständliche als auch abstrakte Partien beinhalten sollte – das »einfach alles enthalten« sollte, wie sie sich ausdrückte. Die Geometrie des Quadrats, des Kreises und des Dreiecks wurde ihr Vorbild für die abstrakten Passagen, während sie für die gegenständlichen Darstellungen ein Haus, einen Baum, einen Berg und das Meer wählte. »Rhapsody«, wie das Werk genannt wurde, war ein mühsames und auch gewagtes Unternehmen, aber als es in der Paula Cooper Gallery in New York ausgestellt wurde, waren nicht nur die Kritiker begeistert, es wurde auch sofort von dem Kunsthändler Sidney Singer erworben. »Rhapsody« gab Bartlett das nötige Selbstvertrauen, den einmal eingeschlagenen Weg weiterzugehen. Im Lauf der nächsten Jahre hatte sie in New York eine Ausstellung, lehrte an der School of Visual Arts in Manhattan und reiste zum ersten Mal in ihrem Leben nach Europa, wo sie in London und Genua ausstellte. Bartlett, die in Tokio und London bald ebenso bekannt war wie in New York, schuf Auftragswerke für Charles und Doris Saatchi in London und für das Institute for Scientific Information in Philadelphia. Für die neue Zentrale des Volvo-Konzerns fertigte sie ein mehrteiliges Werk, das mehrere große Skulpturen und Gemälde umfaßte. Auf diese Arbeiten folgten zwei Multimedia-Ensembles (»Up the Creek« und »To the Island«), eine »Sand Points« genannte Serie von Pastellzeichnungen sowie Bühnenbilder, Ausstattungen, Kostüme für Oper und Film. 1989 schloß sie die Serie »The Fire« ab, und in den frühen neunziger Jahren, zugleich mit den Arbeiten an ihrem Garten in New York, war auch das Werk »Air: 24 Hours« fertiggestellt.

Im Lauf der Jahre änderten sich ihre künstlerischen Arbeiten gravierend, wurden ausdrucksstärker und eindringlicher. Aber das Thema Garten kam, wie bei Monet und Noguchi, jedoch auf ganz unterschiedliche Weise, immer wieder vor. 1979 tauschte sie mit dem Schriftsteller Piers Paul Read die Wohnung und ging für ein Jahr nach Nizza. Jennifer Bartlett beabsichtigte während ihres Aufenthalts dort nicht zu arbeiten, sondern nur zu reisen und die europäische Kunst zu studieren, von der Kunst der Renaissance in Florenz bis zu den Wandgemälden von Henri Matisse in der Rosenkranzkapelle in Saint-Paul-de-Vence in Südfrankreich. Obwohl sie sich erholen wollte, konnte sie der Versuchung zu arbeiten doch nicht widerstehen und begann eine Serie von Zeichnungen, die den kleinen Garten vor ihrem Haus darstellten. Was sich Garten nannte, war damals ein

Diese Clematis (gegenüber) wirkt sehr gesund, trotz des rauhen und unbeständigen Mikroklimas in New York, das nicht für alle Pflanzen geeignet ist.

»Two a. m.« (oben), ein Teil der Reihe »Air: 24 Hours«, zeigt den geometrisch strukturierten Grasgarten und, zu beiden Seiten, die Hände der Künstlerin.

Eine Gruppe von Sonnenaugen (oben) ist ein willkommener Ruheplatz für Insekten. Stadtgärten wie der von Jennifer Bartlett (rechts) mit seinen Laubengängen und Blumenbeeten, hier die duftende Katzenminze Nepeta, verbessern die Luft und schaffen ein angenehmeres Umfeld für Stadtbewohner.

ungepflegtes Areal mit einem undichten Swimmingpool und fünf vor sich dahinvegetierenden Zypressen, von dem sie am Ende trotzdem annähernd zweihundert Zeichnungen anfertigte. Dabei bediente sie sich verschiedener Techniken und Stile, von der Abstraktion bis hin zum detailgetreuen Realismus. Im strahlenden Licht des Vormittags und im Dämmerlicht des Mondes zeichnete sie den kaputten Pool, die ungepflegten Pflanzen, die dunklen Bäume und sogar die kitschige Statuette eines kleinen Knaben. Alle Zeichnungen zusammen, die »In the Garden« genannt und auch komplett als Serie ausgestellt wurden, vermitteln eine deutliche Vorstellung von diesem Garten bezeugen die Neugier und Entdeckerfreude dieser Künstlerin. Wiederum im Auftrag der Londoner Kunstsammler Doris und Charles Saatchi malte Bartlett, die immer auch schon ein großes Interesse für Innenarchitektur hatte, jenen kleinen Garten mit dem Pool und der Statuette ein letztes Mal, nun wie ein Fresko direkt auf die Wände des Eßzimmers ihrer Londoner Auftraggeber.

Mit der Serie »Jardin du Luxembourg« setzte sich ihr Nachdenken über das Thema Garten fort. Bartlett hatte sich 1970 von ihrem Mann scheiden lassen und lebte nun, nachdem sie den französischen Filmschauspieler Mathieu Carrière geheiratet hatte, einen Teil des Jahres in Paris, in einer schönen Wohnung in der Nähe des Jardin du Luxembourg. Mit Fotografien des historischen Gartens als Vorlage schuf sie zwei- und dreidimensionale Darstellungen, und wieder griff sie dabei auf unterschiedlichste Materialien zurück: Pastellkreide, Ziegelsteine, Glas und Spaliere aus Holz, sogar karierte schottische Wollstoffe.

Ein Kritiker der *New York Times* schrieb über ihr frühes Werk »Rhapsody«, es erweitere »unsere Vorstellungen von Zeit und Raum, von Erinnerung und Wandel und vom Malen selbst«. So wie sich ihr Werk aus einem brodelnden Nebeneinander von Stilen und Einflüssen, vom Impressionismus bis zum Abstrakten Expressionismus, entwickelt hat, entstand auch ihr Garten aus dem ewigen Wandel der Zeiten, den man zurückverfolgen könnte bis zu den Terrassengärten der Moguln im alten Indien, bei welchen die untere Ebene für Besucher offen war, die zweite Ebene privaten und offiziellen Zusammenkünften vorbehalten blieb und die dritte Ebene als abgeschiedenes Refugium für die Frauen am Hof fungierte. Bartletts New Yorker Garten zeigt, wie eine Künstlerin mit innovativen Ideen in der Hektik der modernen Großstadt eine Insel der Ruhe schaffen kann.

Frida

Kahlo

(1907–1954)

In einer Reihe von Selbstportraits, die ihre Entwicklung als Künstlerin und als Frau zeigen, hat sich Frida Kahlo im Lauf ihres Lebens immer wieder mit sich selbst als Person beschäftigt. Auf all diesen Selbstbildnissen ist immer eine symbolbefrachtete Pflanze zu sehen: die Orchidee als Verweis auf Sexualität und Hingabe, der wilde Akanthus als Verweis auf ewiges Leben und, in einem »Gedanken an den Tod« betitelten Bild, die mit Dornen besetzten Zweige eines mexikanischen Strauchs, ein altes Symbol für Tod und Wiedergeburt.

Im Jahr 1938 wurde Frida Kahlo von Clare Booth Luce, der damaligen Herausgeberin von *Vanity Fair*, beauftragt, das Portrait ihrer Freundin Dorothy Hale zu malen, die kurz zuvor Selbstmord begangen hatte. Kahlo konfrontierte ihre Auftraggeberin mit einer graphischen Darstellung, die Dorothy Hale blutüberströmt auf dem Boden liegend zeigte, vor dem Hochhaus, von dem sie sich hinabgestürzt hatte; an ihrem schwarzen Samtkleid, darin einer Femme fatale nicht unähnlich, trug sie ein kleines Sträußchen gelber Rosen, das sie von Isamu Noguchi geschenkt bekommen hatte – ihrem Freund und einem von Kahlos Liebhabern. Für Clare Booth Luce war das Bild so bestürzend, daß sie es fast gänzlich zerstörte. In einem anderen Portrait (siehe S. 41), einer surrealen Darstellung des Gartenspezialisten Luther Burbank, der für seine Mischzüchtungen von Obst und Gemüse berühmt geworden war, malte Kahlo diesen halb als Baum, halb als Mensch. In diesem Gemälde klingt auch eines ihrer Lieblingsthemen an – das der Entstehung neuen Lebens aus dem Tod. Burbanks Wurzeln entsprießen einem toten, bestatteten Körper.

Ein weiteres Pflanzenmotiv Frida Kahlos war der Feigenkaktus, der in den mexikanischen Ursprungsmythen eine wichtige Rolle spielt und auch auf der mexikanischen Flagge abgebildet ist. Kahlo identifizierte sich, als Künstlerin und als Mexikanerin, so sehr mit ihrer Nation, daß sie als ihr Geburtsjahr 1910 angab, das Jahr der Mexikanischen Revolution.

Frida Kahlo beendete ihr »Selbstbildnis mit Affe, 1938« in einem Hotel in New York – weit entfernt von der Casa Azul, ihrem Haus in Mexiko, in dem sie geboren wurde und in dem sie auch sterben sollte. Das Foto (oben) wurde im Jahr 1939 aufgenommen, kurz nach der Scheidung von ihrem Mann, dem Maler und glühenden Nationalisten Diego Rivera.

In Wirklichkeit wurde Magdalena Carmen Frieda Kahlo Calderón, die sich später Frida Kahlo nennen sollte, am 6. Juli 1907 geboren, in der Casa Azul, dem Haus ihrer Familie in Mexico City. Das von Bäumen umgebene Haus steht immer noch, in Coyoacán, einem Vorort der Stadt. Seit 1958 ist das Museo Frida Kahlo darin untergebracht, aber der Frieden und die Ruhe des Ortes erzählen nichts von dem leidenschaftlichen und bewegten Leben der Künstlerin, die dort lebte und starb.

Die kobaltblauen Wände, die der Casa Azul ihren Namen gaben, umschließen einen Innenhof, der mit den klimatischen Bedingungen eines Gewächshauses aufwartet. In üppiger Pracht wachsen dort Sträucher, Sukkulenten und diverse Topfpflanzen. Dazwischen stehen, auf Piedestalen und in speziell dafür geschaffenen Wandnischen, präkolumbische geschnitzte Skulpturen. Kahlo konnte den Garten durch das Fenster im Atelier überblicken, das ganz in seinem ursprünglichen Zustand belassen wurde. Der Besucher sieht dort die Pinsel der Künstlerin, ihre Farben, den Spiegel für die Selbstportraits, ihren Rollstuhl, und auf der Staffelei steht noch immer ein unvollendetes Portrait Stalins. In einer Ecke des Ateliers sind in einer Glasvitrine Kahlos extravagante Ringe und Halsketten zu sehen; in einer anderen Vitrine hängen ihre bestickte Bluse und ihr langer, im Stil der

Landestracht gehaltener Rock, den sie trug, um ihr verkrüppeltes Bein zu verbergen; die Behinderung war eine Spätfolge der Kinderlähmung, an der sie im Alter von sechs Jahren erkrankte. Die übrigen Räume des Hauses und ein zweiter Garten sind angefüllt mit volkstümlicher Keramik, Masken, Figuren, Spielzeug und Altarbildern – Votivtafeln mit Darstellungen von Heiligen und Märtyrern. All diese Dinge sammelte Frida Kahlo zusammen mit ihrem Ehemann Diego Rivera. Kahlo hat ihren mexikanischen Garten nie gemalt, und falls sie ihn doch gemalt hat, dann sind diese Gemälde nicht erhalten.

Kahlos Eltern, Matilde und Guillermo Kahlo, hatten die Casa Azul im Jahr 1904 erbaut. Matilde Calderón war zum Teil spanischer, zum Teil indianischer Abkunft. Ihr Ehemann war ungarischer Jude, der in den neunziger Jahren des 19. Jahrhunderts von Deutschland nach Mexiko emigrierte und dort als Fotograf arbeitete. Während der Diktatur unter General Díaz hatte die Familie ein anständiges Auskommen, aber als der revolutionäre Umsturz des Jahres 1910 die alte Ordnung außer Kraft setzte, brachen schwierige Zeiten für die Familie an: Frida mußte nach der Schule als Ladengehilfin arbeiten, um das Einkommen der Familie aufzubessern.

Die revolutionären Unruhen hielten zehn Jahre an, und Kahlo war Zeugin nicht nur der Straßenkämpfe, sondern auch des schmerzlichen Prozesses, der ihrem Land schließlich politische Stabilität brachte. Sie und ihr Mann

Eine Gedenktafel im Innenhof der mexikanischen Casa Azul, des Blauen Hauses, erinnert daran, daß Frida Kahlo und Diego Rivera dort gelebt hatten: Sie waren für kurze Zeit geschieden, heirateten aber 1940 ein zweites Mal. Als Mittelpunkt des Gartens bauten sie in stark verkleinertem Maßstab eine abgestumpfte präkolumbische Pyramide nach (rechts).

Diego Rivera, beide überzeugte Sozialisten, spielten eine aktive Rolle in der kulturellen Revolution des Landes, die die einheimische, traditionelle Volkskunst feierte und neu belebte. Beide waren aus innerster Überzeugung Mexikaner. In dieser Haltung malte Rivera seine Fresken und legte die wichtigste Sammlung präkolumbischer Kunst seines Landes an, während Kahlo in ihren Gemälden indianische Symbole wiederaufleben ließ.

Wie bei ihren anderen farbenprächtigen Gemälden verwandte Frida Kahlo auch für das Bild »Zwei Akte im Wald oder Meine Amme und ich« (oben) das Motiv exotisch aussehender Pflanzen. »Ich habe immer sehr sorgfältig gemalt, eine Schicht über der anderen, bis die Farben leuchteten. Die Wurzeln und Ranken von Pflanzen und Blumen sind ineinander verschlungen und finden ihren Weg in die Erde.«

Im 16. Jahrhundert hatten die spanischen Eroberer die königlichen Gärten Südamerikas gänzlich zerstört. Aber in erhaltenen Quellen wird von exotisch anmutenden Anlagen gesprochen, von einem komplizierten System von Kanälen und Aquädukten, die angelegt wurden, um schattige Haine und Obstplantagen zu bewässern, und auch »die farbenprächtige Vielfalt von Blumen der mexikanischen Flora, die, minutiös arrangiert, im ausgeglichenen Klima des Tafellands üppig gedeihen«. Das alles ersetzten die Spanier durch ihre eigenen, maurisch geprägten Häuser und Gärten, ihre verschwiegenen Patios und schattigen Innenhöfe. Im Alter von neunundzwanzig Jahren integrierte Frida Kahlo den spanischen Garten ihrer

Kindheit in ihr Gemälde »Meine Großeltern, meine Eltern und ich«, auf dem sie sich selbst als kleines Kind darstellte, das fest im Boden des Gartens verwurzelt ist. Auf dem Bild wächst zu ihren Füßen ein Orangenbaum, über ihrem Kopf schwebt der Stammbaum ihrer Familie.

Der Aufschwung der Kultur in Mexiko und Werke mexikanischer Künstler wie die Kahlos begeisterten die Kunstwelt im frühen 20. Jahrhundert; so war es nicht verwunderlich, daß Frida Kahlo ihr erstes Bild von Rang an den Hollywoodstar und Kunstsammler Edward G. Robinson verkaufte. Und als sie ihre erste eigene Ausstellung in New York hatte, wurde die Einleitung des Katalogs von dem hochgeachteten französischen Surrealisten André Breton verfaßt. Sie lernte Pablo Picasso und Marcel Duchamp kennen, als zweiunddreißig ihrer Gemälde in der »Mexiko«-Ausstellung in Paris gezeigt wurden; mit ihrem Selbstbildnis »The Frame« erwarb der Louvre das erste Gemälde von ihr. »Als ich durch die Straßen [von Paris] schlenderte, fiel den einfallslosen französischen Couturiers mein langer Folklorerock mit den Unterröcken auf, die Rüschen und Bänder, und sie entwarfen ihre eigene Version meiner Gewänder: ein Kleid, das sie ›Robe Madame Rivera‹ nannten«, schrieb sie in ihrer Autobiographie. »Die Leute in Frankreich sagten mir, ich wäre

Beim Ausbau der Casa Azul wurde der neue Trakt aus grauem Vulkangestein gemauert (oben). Unter den Dachvorsprung setzte Diego Rivera Pflanzen in Terrakottatöpfen, der Garten wurde mit Skulpturen aus präkolumbischer Zeit bevölkert.

rasend schön. In Mexiko drehte sich kein Mensch auf der Straße nach mir um.« Aber auch im Kreis ihrer Familie ging Frida Kahlo auf Konfrontation. »So zu sein wie alle anderen ist langweilig. Schon als Kind wollte ich anders sein, mich unterscheiden.« Es gab eine Zeit, in der sie den Haarschnitt eines Mannes hatte und ausschließlich Anzüge trug. Eine Fotografie in ihrem Familienalbum zeigt sie zusammen mit ihren Geschwistern in einem schicken Anzug mit einem Spazierstöckchen in der Hand. Später kleidete sie sich, wie viele gebildete Mexikanerinnen ihrer Zeit, demonstrativ in der farbenprächtigen Tracht von Tehuantepec, jener Provinz im Südwesten Mexikos, in der das Matriarchat noch nicht ganz ausgestorben war.

Im Jahr 1925, die achtzehn Jahre alte Frida Kahlo fuhr gerade im Schulbus nach Hause, kollidierte dieser mit einem Straßenbahnwaggon. Mehrere Menschen wurden bei dem Unglück getötet, und Kahlo, von einer Haltestange durchbohrt, überlebte schwerverletzt. Niemand rechnete damit, daß sie noch am Leben war, als man sie aus den Trümmern barg war sie blutüberströmt. Ihr Rücken war schwer verletzt, die Hüfte und das rechte Bein waren gebrochen. Frida war für Monate ans Bett gefesselt. Ihr Vater stellte ihr seine Farben zur Verfügung, ein Schreiner baute eine spezielle Staffelei, und im Baldachin ihres Betts wurde ein Spiegel installiert. Kahlo begann zu malen. »Das Malen war die einzig wahre Medizin. Es heilte mich.« Im Lauf der nächsten achtundzwanzig Jahre mußte sie mehr als zweiunddreißig Operationen über sich ergehen lassen. Sie beschrieb ihren damaligen Zustand: »Ich wußte immer, daß in meinem Körper mehr Tod als Leben war.« Trotz der Schmerzen, der Operationen und der Stahlkorsetts lebte Frida Kahlo ein erfülltes und leidenschaftliches Leben. Sie heiratete den einunddreißig Jahre älteren Diego Rivera, der damals als der berühmteste Künstler Lateinamerikas galt. Zehn Jahre später ließ sie sich wegen seiner Frauengeschichten von ihm scheiden – er hatte sogar eine Affäre mit der Schwester Kahlos –, heiratete ihn aber 1940 ein zweites Mal, nun aber unter der Bedingung, daß sie fortan getrennt schliefen und finanzielle Dinge strikt trennten. Als Reaktion auf die außerehelichen Verhältnisse ihres Mannes hatte auch Kahlo Affären mit anderen Männern, darunter Leo Trotzki und der Fotograf Nickolas Muray. Während all dieser bewegten Jahre portraitierte sie sich immer wieder, mit jener für sie so typischen Hingabe an jedes einzelne, manchmal sogar klinische Detail – ihre über der Nasenwurzel zusammengewachsenen Augenbrauen, der ausgeprägte Flaum auf ihrer Oberlippe, die Begleiterscheinungen ihrer Operationen und ihre Fehlgeburten. »Jene Frida tief in mir kennt außer mir selbst niemand, und nur ich kann sie ertragen«, schrieb sie einmal. In diesem kurzen wirbelnden Leben gab es zwei Fixpunkte: ihren Ehemann, entschieden unzuverlässig, aber doch ständig präsent, und die stabile Geborgenheit der Casa Azul und ihres Gartens. Für kurze Zeit lebte sie zwar auch in San Francisco, Detroit und New York, kehrte aber immer wieder in ihr Haus in Coyoacán zurück.

In den Zeiten vor der spanischen Eroberung war Coyoacán, wörtlich »Heimstatt der Kojoten«, ein Ort an den Ufern des Texcoco-Sees. Bis zur Heirat Kahlos mit Rivera im Jahr 1929 war die Casa Azul ziemlich unverändert geblieben, während Coyoacán nach und nach von der sich immer weiter ausbreitenden Metropole umschlossen wurde. Rivera hatte eine dreistufige, abgestumpfte Pyramide inmitten des Innenhofs errichtet, auf deren unterster Stufe er präkolumbische Skulpturen aufreihte. Danach plante er einen Anbau, in dem zusätzliche Ateliers und Gästezimmer untergebracht werden sollten. In Kontrast zum traditionellen Blau des ursprünglichen Hauses bestand der neue Trakt aus dunklen, porösen Gesteinsblöcken vulkanischen Ursprungs. Um das Ganze abzurunden, stellte er unter den Dachvorsprung eine Reihe von Terrakottagefäßen auf, die bald von Tauben und den unterschiedlichsten Pflanzen besiedelt wurden.

Eine Fotografie, die Kahlos Vater Guillermo 1933 aufgenommen hat, zeigt den Innenhof mit dem Orangenbaum in der Mitte, den Rabatten mit ihren hüfthohen Stauden entlang der Wände und den davor aufgestellten Kübelpflanzen. Der traditionelle, sonnendurchflutete Patio mit der Pyramide in der Mitte war zu dieser Zeit noch da, aber ein neuer Garten war entstanden. Vom Anbau

Nach einem schweren Busunglück ans Bett gefesselt, brachte sich Frida Kahlo völlig autodidaktisch während dieser Zeit das Malen bei. Ihr Rollstuhl (oben) steht vor ihrer Staffelei mit einem unvollendeten Portrait Stalins. Frida Kahlos hingebungsvolles Bildnis des Gartenspezialisten Luther Burbank (rechts) zeigt diesen, wie er aus einem Leichnam emporwächst. Es ist ein Symbol für Tod und Wiedergeburt in der Natur.

Luther Burbank

führten Stufen hinunter zu einer offenen, terrassenartigen Fläche. Es waren dies jedoch keine schlanken Stufen, sondern aus massivem Stein gehauene, übereinandergelegte Blöcke. Eine weitere Treppe führte von dieser Terrasse aus nach unten in einen kleinen schattigen Bereich mit maurischem Springbrunnen und künstlichem Teich. Diese tempelartige Nische unterhalb der Terrasse war angefüllt mit weiteren alten, präkolumbischen Figuren. Nach den Worten des Architekten Luis Barragán sollte der Garten die Seele eines Hauses sein, ein magischer Ort zur Besinnung und geselligen Unterhaltung; wenn der ursprüngliche Innenhof und Garten der Casa Azul auf die koloniale Vergangenheit Mexikos zurückgeht, dann war diese neue Seele des Hauses entschieden modern und wie eine Plastik aufgebaut. 1952 wurde Frida Kahlo dort fotografiert, umgeben von den gleichmütig blickenden Figuren aus prähispanischer Zeit, ihr Folklorerock weit über die unterste Stufe der Treppe ausgebreitet.

Es waren dies Frida Kahlos letzte Jahre – sie starb 1954. Wenn sie in jenen Tagen im Garten oder im Atelier malte, dann nur unter großen Schmerzen oder unter dem dämpfenden Einfluß hochwirksamer Schmerzmittel. Im Kontrast zum Detailreichtum und der technischen Präzision ihrer frühen Arbeiten wurde ihr Pinselstrich nun unsicher und auch ungenauer. Sie malte Stilleben nach der Vorlage von Früchten, die aus ihrem eigenen Garten oder vom örtlichen Markt stammten. Aber auch bei diesen Bildern fehlte nie ein symbolischer Verweis, etwa in Form einer mexikanischen Flagge oder einer Friedenstaube in einem Nest aus Früchten und Gemüse. »Die Wurzeln und Ranken von Pflanzen und Blumen sind ineinander verschlungen und finden ihren Weg in die Erde«, schrieb sie. »Die üppigen Früchte bekommen etwas Verführerisches.«

Ein Freund, der wußte, daß sie bald sterben würde, organisierte 1953 die erste Ausstellung ihres Werks in Mexiko. Die Ärzte erlaubten ihr nicht, an der Vernissage teilzunehmen, aber Frida Kahlo, benommen von Schmerzmitteln und Alkohol, ließ sich in einem Krankenwagen zur Galerie fahren. Immerhin hatte sie es geschafft, bei der Eröffnung auf einer Tragbahre gegenwärtig zu sein.

Im Jahr darauf starb Frida Kahlo, im Alter von erst siebenundvierzig Jahren. Es kursierten Gerüchte, daß sie, angesichts der unerträglichen Schmerzen, ihren Tod beschleunigt habe. Man brachte ihre Asche, aufbewahrt in einer präkolumbischen Urne, an den Ort zurück, wo sie auch geboren wurde, in ihre geliebte Casa Azul.

Eine Katze schlummert über einem Cannabeet in jenem Garten, wo Frida Kahlo Zuflucht suchte und fand, Zuflucht vor den unerträglichen Schmerzen und Leidenschaften ihres Lebens. Der letzte Eintrag in ihrem Tagebuch lautete: »Ich hoffe auf ein freudiges Ende … und ich hoffe, nie wieder zurückzukommen.«

Gustave

Caillebotte

(1848–1894)

»Ist es eigentlich bekannt, daß der Maler Caillebotte, der ein leidenschaftlicher Gärtner und Segler war, auch mit großer Begeisterung Briefmarken sammelte?« hieß es in einem Nachruf auf den Künstler in seinem Todesjahr 1894. Der Verfasser des Artikels erwähnte nicht, daß Gustave Caillebotte auch ein Kunstsammler war, der die mit ihm befreundeten Maler des französischen Impressionismus großzügig als deren Mäzen unterstützte, daß er ein zurückhaltender Impresario war, daß er in Immobilien investierte und, als er schon älter war, sogar Rennboote entwarf und baute.

Sein künstlerisches Werk umfaßt eine ganze Bandbreite von Themen, die sein breitgefächertes Interesse widerspiegeln und ein genaues Bild vom Alltag der Menschen im Frankreich des ausgehenden 19. Jahrhunderts vermitteln: Er malte Bilder von Arbeitern und Angehörigen der Bourgeoisie, Städte- und Landschaftsansichten, Bade- und Bootsszenen, Interieurs, Portraits und Stilleben sowie dekorative Blumenbilder. In fünf Ausstellungen der impressionistischen Gruppe wurden seine Bilder gezeigt. Er trat als Mäzen auf, indem er die anderen Maler unterstützte, ihre Bilder kaufte und die impressionistische Bewegung gegen bornierte Ablehnung und Unverständnis verteidigte. Darüber hinaus betätigte er sich als sachverständiger Kunstsammler, der im Lauf von achtzehn Jahren eine bemerkenswerte und heute unbezahlbare Gemäldesammlung anhäufte, die einige der berühmtesten und in ihrer Wirkung nachhaltigsten Bilder seiner Zeit enthielt. Nach seinem Tod hinterließ Caillebotte dem Französischen Staat fünfundsechzig der wichtigsten Werke von Degas, Monet, Pissarro, Renoir, Cézanne, Sisley und Manet; höchst befremdend aus heutiger Sicht ist jedoch, daß die Staatlichen Sammlungen siebenundzwanzig Gemälde gar nicht wollten.

Caillebottes Enthusiasmus als Gärtner war ebenso groß wie der Monets, und im Lauf der letzten zwölf Jahre seines Lebens sah man ihn immer öfter in seinem Garten als an der Staffelei. Er wurde 1848 als Sproß einer wohlhabenden Familie in Paris geboren. Sein Vater, Martial Caillebotte, war als Haus- und Grundstücksmakler tätig; dabei brachten ihm Vertragsabschlüsse mit den französischen Streitkräften große Summen ein. So konnte sich Martial Caillebotte zwei Wohnsitze leisten: ein stattliches Haus in Paris und ein großes, von einem Park umgebenes Haus direkt an dem Flüßchen Yerres, in einer Gegend südöstlich von Paris, die heute zum Département Essonne gehört. Caillebotte verbrachte einen großen Teil seiner Jugend in diesem achtzehn Zimmer umfassenden Haus mit dem prächtigen Garten, den Gewächshäusern und Pavillons. Hier entdeckte er auch seine Begabung für die Landschaftsmalerei und die Gartengestaltung.

Eine Frau beim Pflegen einer Rabatte von üppig blühenden, altmodischen Bauernrosen auf Gustave Caillebottes Gemälde »Les Roses, Jardin du Petit Gennevilliers« (links). Caillebotte kaufte das an der Seine gelegene Haus in Petit Gennevilliers ungefähr zu der Zeit, als er dieses Selbstportrait malte (oben).

Caillebotte hatte zunächst Rechtswissenschaften studiert und auch als Anwalt in Paris gearbeitet, als er 1870 eingezogen wurde und im Deutsch-Französischen Krieg kämpfte. Nach dem Ende des Krieges verzichtete er auf eine Karriere in seinem erlernten Beruf und wurde zunächst Dauergast im Atelier des akademischen Salonmalers Léon Bonnat. Dieser fand Gefallen an dem jungen Mann und bereitete ihn für seine Aufnahme an der angesehenen École des Beaux Arts vor. 1873 bestand Caillebotte die Aufnahmeprüfung, und ein Jahr später machte er die Bekanntschaft von Edgar Degas, Claude Monet und Pierre Auguste Renoir. Zusammen mit ihnen organisierte er die erste Ausstellung der impressionistischen Künstlergruppe in Paris, obwohl von ihm selbst kein einziges Bild gezeigt wurde. Im Lauf der Zeit wurde Caille-

botte zum Wohltäter und Impresario der Gruppe. Er nahm sich der Gemälde an, verkaufte sie an Galerien und kümmerte sich um Rahmung und Aufhängung. Bei seinen Abendgesellschaften brachte er Künstler und Öffentlichkeit zusammen. Auch finanziell gab er sich äußerst großzügig, indem er sowohl Pissarro als auch Monet unterstützte – was hieß, daß er ihre Miete bezahlte, ihre Schulden beglich, Vorschüsse für Bilder leistete und ihnen immer wieder auch größere Summen lieh.

Im April 1876 fand die zweite Ausstellung der impressionistischen Künstlergruppe statt, und diesmal war Caillebotte mit acht eigenen Gemälden vertreten. Vier davon zeigten Gartenszenen und Interieurs; die Anregungen dazu stammten unmittelbar aus dem Alltagsleben seiner Familie. Caillebotte setzte in diesen Werken die neue impressionistische Vorstellung vom Bildaufbau durch und erhielt damit, obwohl er ursprünglich als eher traditioneller Maler innerhalb der Gruppe galt, den Beifall der kritischen Öffentlichkeit. Aber im Jahr 1878, als er in seinen Bildern mit verzerrten Perspektiven zu experimentieren begann und sie mit blauer Pigmentfarbe sättigte, wurde ihm genau jenes öffentliche Unverständnis zuteil, welches sich bis dahin auf Pierre Auguste Renoir und Claude Monet beschränkt hatte. Gustave Caillebotte war nicht mehr der Publikumsliebling von einst.

Beginnend mit dem Jahr 1880 litt der Maler zunehmend unter den Auswirkungen der politischen und sozialen Umbrüche seiner Zeit. Der Gemeinschaftsgeist, der die impressionistische Künstlergruppe einmal zusammengeschweißt hatte, verflüchtigte sich, und mit zunehmendem Erfolg der einzelnen Mitglieder war auch Caillebotte als Mäzen nicht mehr gefragt. Der Künstler wurde müde und mutlos. Er zügelte seinen künstlerischen

Caillebotte stammte aus einer reichen Familie. Auf dem südöstlich von Paris gelegenen Landsitz der Familie an der Yerres (oben und rechts) entwickelte er eine lebenslange Leidenschaft für die Malerei und die Gartengestaltung. Die Gemälde des Künstlers wurden als Vorlage benutzt, als Teile des Anwesens – heute ein öffentlicher Park in einem Außenbezirk von Paris – in ihren ursprünglichen Zustand zurückversetzt wurden.

Ehrgeiz, malte immer seltener und widmete sich statt dessen der Gartengestaltung. Seine Begeisterung für den Garten, für Natur und Wachstum gab ihm Kraft und Energie bis zu seinem Lebensende – nicht die Kunst, sondern sein Garten interessierte diesen starken und zähen Mann am meisten.

Nach dem Tod von Caillebottes Mutter trennte sich die Familie von ihrem Landsitz an der Yerres. Zwei Jahre später kaufte der Künstler ein am Ufer der Seine, dem Ort Argenteuil gegenüber gelegenes Haus. Diese Gegend war früher ein Ort der Inspiration für Monet und Manet, die ihre Staffelei des öfteren hier aufgestellt hatten, aber Caillebotte kam wegen des Flusses und der Aussicht, daß er dort auch ein Boot halten konnte.

In einem notariellen Dokument wird Petit Gennevilliers folgendermaßen beschrieben: »Das Grundstück hat eine Gesamtfläche von ungefähr zehntausend Quadratmetern, es ist wechselweise umschlossen von Eisenzäunen und Spaliergittern. Mit seiner Vorderseite grenzt es an den die Seine entlang führenden Treidelpfad, den rückwärtigen Abschluß des Grundstücks bildet ein Erdwall.« Wie die Häuser von Renoir und Monet sollte das Gebäude in Gennevilliers auch den gehobenen gesellschaftlichen Status des Künstlers repräsentieren: Während einige Kritiker den Impressionismus immer noch ablehnten – ein akademischer Maler sprach schlichtweg von »Schmutz« –, strömten die Künstler aus aller Welt nach Frankreich, um den Impressionisten ihre Reverenz zu erweisen und Caillebottes stetig wachsende Gemäldesammlung zu besichtigen.

Das neue Haus war eine für die Zeit typische, vornehme Residenz, erbaut aus grobstrukturiertem Stein und mit den neuesten, industriell gefertigten Dachziegeln gedeckt. Was aber den Garten und die Ateliers betraf, so gestaltete Caillebotte diese nach seinen ganz speziellen Vorstellungen. Neben einem großräumigen Atelier plante er ein weitläufiges Gewächshaus, separate, pavillonartige Gebäude für zwei Gärtner und diverse Trakte. Daneben hatte er schon ganz konkrete Vorstellungen von der Bepflanzung des Geländes, und sogar die Entwürfe für die Gartentore machte er selbst: einfaches, strahlend weiß gestrichenes Gitterwerk.

Der Maler war mit den Grundregeln der Gartengestaltung schon vertraut: Die Umgebung des Familiensitzes an der Yerres war nach dem Vorbild des im 18. Jahrhundert entstandenen englischen Landschaftsgarten angelegt worden, und bis zu seinem Verkauf hatte Caillebotte genügend Möglichkeiten gehabt, den Garten genau zu studieren; schließlich hatte er sein damaliges Erscheinungsbild auf sechzig Ölgemälden und Pastellzeichnungen festgehalten. Das Gelände ist heute ein öffentlicher Park, und ein Teil des Familiensitzes in Yerres befindet sich noch in seinem ursprünglichen Zustand. Caillebottes Gemälde aus dem Jahr 1877 dienten als Vorlage für die erneute Bepflanzung eines Teils des ummauerten Küchengartens mit ordentlichen Reihen von Bohnen, Kopfsalat, Tomaten und anderen Gemüsesorten. Caillebottes Haus und der dazugehörige Garten in Petit Gennevilliers dagegen wurden zerstört.

Die Zeit, als Caillebotte seinen Garten in Petit Gennevilliers plante, fiel mit einer revolutionären Stimmung auf dem Gebiet der Gartengestaltung zusammen: Man rebellierte in zunehmendem Maß gegen die überkommenen, streng geometrischen Grundmuster, das Interesse an Blumengärten florierte, und die Gartenarchitekten sahen sich konfrontiert mit einer rasant fortschreitenden Entwicklung neuer Geräte. Gärtner wie Maler experimentierten mit den Ideen von Michel Eugène Chevreul, seiner kritischen Analyse farbtheoretischer Grundsätze und seiner Vorstellung von Komplementärfarben – Gedanken, die sich als fruchtbar für das Werk von Gertrude Jekyll erweisen sollten (siehe S. 170ff.). Auch Caillebotte war mit Chevreuls Ideen bestens vertraut und wußte sie geschickt umzusetzen. Er ließ sich von ihnen leiten bei der Auswahl der Farben seiner Pflanzen und der Art und Weise, wie er sie in Rabatten und Beeten arrangierte.

Im Garten von Petit Gennevilliers gab es, ganz traditionell, rechteckige Blumenbeete, aber so angelegt, daß jeder einzelnen Pflanze ein ganz spezieller Platz zugewiesen war. Caillebotte machte den Garten geradezu zu einem Experimentierfeld und wählte und vermehrte die Pflanzen ganz bewußt nach Farbe und Blütezeit. Über neue Entwicklungen hielt er sich auf dem laufenden durch das Abonnement der *Revue horticole, journal d'horticulure pratique*, einer Zeitschrift, die ständig über Innovationen im Gartenbereich und über Neuzüchtungen informierte. Er selbst erzielte auch einige bescheidene Erfolge: Bei einem Treffen der Nationalen Gesellschaft der Gartenfreunde Frankreichs im Jahr 1891 berichtete Paul Hariot, daß er »die Gelegenheit hatte, zu Hause bei M. Caillebotte eine komplette Serie von winterharten Mohnblumen zu besichtigen, das Ergebnis einer Kreuzbefruchtung von *Papaver orientale* und *P. bracteatum*«.

Der Künstler hatte seine Freude an Dahlien und Rosen, züchtete aber auch seltene Orchideenarten in einem zu diesem Zweck errichteten Gewächshaus. Das für die damalige Zeit außergewöhnliche Gewächshaus baute er 1888 und installierte sogar einen speziellen Heißluftofen, der es ihm gestattete, exotische Pflanzen zu ziehen. In zwei Gemälden hat er das Gewächshaus festgehalten: Der Betrachter sieht ein hell vom Sonnenschein erleuchtetes Gebäude, das sich abhebt gegen einen dunklen Vordergrund aus gelben Dahlien und grünem Blattwerk.

Im Gegensatz zu der konventionellen französischen Formstrenge des Familiengartens an der Yerres sah Caillebotte seinen neuen Garten in Petit Gennevilliers auch als Experimentiergelände, auf dem er neue Arten von Rosen, Dahlien und Orchideen züchtete.

Er informierte sich ständig über die neuesten Entwicklungen auf dem Gebiet des Gartenbaus und tauschte sich mit Claude Monet über Blumen- und Gemüseanbau aus (oben und rechts). Leider existiert Caillebottes Garten in Petit Gennevilliers heute nicht mehr.

Impressionistische Gartenbilder erzielten den größten Effekt durch den Kontrast von Licht und Schatten, und genau jene wechselseitige Beeinflussung von Kunst und Natur zeigte sich auch an einem Rasenbeet in Petit Gennevilliers, in dem Caillebotte rotbraune und schwarze Stiefmütterchen mit weißen und cremefarbenen zusammen pflanzte.

Mit Monet und anderen Malern teilte Caillebotte die Begeisterung für alles Japanische, die damals wie eine Welle über das künstlerisch interessierte Frankreich hinwegschwappte. Eine Folge des kulturellen Einflusses des Fernen Ostens war die zunehmende Verbreitung der Chrysantheme, einer Lieblingspflanze vieler impressionistischer Maler, die sich auch in vielen ihrer Stilleben wiederfindet. Auch Caillebotte züchtete in seinem Garten in Petit Gennevilliers viele Arten dieses ganzjährigen japanischen Herbstblühers, besonders jene als »Ballchrysantheme« bekannte Art, die mit ihren schweren, gerundeten Blütendolden besticht. Sein Gemälde »Weiße und gelbe Chrysanthemen«, ein Geschenk an Monet, entstand im Jahr 1893, zu einer Zeit, als die beiden Künstler miteinander in ständigem Austausch über neue Entwicklungen auf dem Gebiet des Gartenbaus standen. Die beiden Männer waren auch sehr daran interessiert, die rein dekorativen Qualitäten, die jedem Garten zu eigen sind, in ihre häusliche Wohnumgebung zu integrieren und sich davon bei der Innenausstattung ihrer Häuser inspirieren zu lassen. »Weiße und gelbe Chrysanthemen« spiegelt Caillebottes zunehmende Begeisterung für Farbwirkungen wider, und es fällt genau in jene Zeit, als er die Täfelung seiner Eßzimmertür mit blassen Orchideen und silberfarbenen Begonien bemalen wollte, um damit einen Kontrast herzustellen zu dem Meer dunkelgrünen Blattwerks in seinem Gewächshaus.

Aber es gab noch mehr Bindeglieder zwischen seiner Kunst und seiner Sicht der Gartengestaltung. In der Malerei bevorzugte er deutlich akzentuierte Perspektiven mit scharfen Diagonalen. Bei der Anlage seines Obstgartens verband er ästhetische mit ökonomischen Gesichtspunkten. Er zog die Bäume so, daß sie in ihrem Wuchs, einer wie der andere, geometrisch-formelle Grundmuster ausbildeten. Dabei verwandte er Schnurspaliere und Fächerspaliere, und mit geschickten Schnittmethoden erreichte er, daß die Bäume an vertikalen Stangen empor- oder an horizontalen Drähten entlangwuchsen. Da diese Art des Obstanbaus sehr platzsparend war, konnte er mehr Bäume pflanzen und die Früchte auch bequemer ernten.

Caillebotte hatte noch so viele Pläne für seinen Garten, aber nicht mehr die Zeit dafür, sie umzusetzen. Obwohl sein Vater bei seinem Tod siebenundsiebzig Jahre alt war, starb sein Bruder René schon im Alter von sechsundzwanzig Jahren.

Caillebotte befürchtete, daß man in seiner Familie jung sterbe, und machte sein erstes Testament, als er gerade achtundzwanzig Jahre alt war. Darin bestimmte er eine große Summe Geld für die nächste Ausstellung der impressionistischen Künstlergruppe und vermachte seine Gemäldessammlung dem Französischen Staat. Schließlich starb er, vermutlich an den Folgen eines

Schlaganfalls, im Februar 1894 im Alter von fünfundvierzig Jahren. Ihm soll während der Gartenarbeit plötzlich unwohl geworden sein.

Bald nach seinem Tod schrieb Pissarro: »Vor nicht langer Zeit haben wir wieder einen wahren und aufrichtigen Freund verloren … Und sein Tod läßt uns wirklich in Trauer zurück. Er war ein guter und großzügiger Mensch, und, was alles nur noch schlimmer macht, auch ein Maler von beträchtlichem Talent.« Frankreich hatte einen guten Maler verloren – aber auch einen guten Gärtner. Im Frühling des Jahres 1894, einige Tage nach dem Tod des Künstlers, kam der Kritiker Gustave Geffroy nach Petit Gennevilliers, um Caillebottes Sammlung impressionistischer Gemälde zu besichtigen. In gleichem Maß jedoch war er fasziniert vom Aufbau und der Vielschichtigkeit des Gartens, »jener kleinen Welt von Pflanzen, die Caillebotte mit Namensschildchen versehen und die er gepflegt und bewundert hatte«.

Die Chrysantheme (oben) war eine bevorzugte Blume im impressionistischen Garten. Sein Gemälde »Weiße und gelbe Chrysanthemen« (gegenüber) malte Caillebotte ein Jahr vor seinem Tod in Petit Gennevilliers.

William

Morris

(1834–1896)

Viele Künstler können einen Garten nur dann für sich entdecken, wenn sich ihre »Seele darin wohl fühlt«. Dieser Ansicht war zumindest der berühmte irische Dichter William Butler Yeats. William Morris, ein Zeitgenosse von Yeats und einer der größten englischen Designer, legte im Alter von sechsundzwanzig Jahren einen ungewöhnlich ideenreichen Garten an, und obwohl er sich nur sechs Jahre daran erfreuen konnte, war es doch dieser Garten, der sein ganzes zukünftiges Werk maßgeblich beeinflussen sollte.

William Morris wurde am 24. März 1834 in Walthamstow geboren, damals noch ein Dorf am nordöstlichen Stadtrand von London. Er hatte wohlhabende Eltern, deren Reichtum sich noch vermehrte, als sein Vater, ein erfolgreicher Börsenmakler, spektakuläre Gewinne mit dem Handel von Kupferaktien machte. Daraufhin erwarb die Familie Woodford Hall, einen nicht weit von ihrem alten Wohnort entfernt liegenden Landsitz, wo William, ihr drittes Kind, nicht nur einen ganzen Park zum Spielen zur Verfügung hatte, sondern auch einen eigenen kleinen Garten anvertraut bekam.

William Morris senior war ein begeisterter Verehrer des Mittelalters und ließ sich bei seinen Besichtigungsfahrten zu englischen Kirchen und Kathedralen oft von seinem Sohn begleiten, der dadurch schon sehr früh die Gelegenheit bekam, die Architektur und klassische Handwerkskunst seines Landes kennenzulernen: die wertvollen bleiverglasten Fenster, Grabplatten aus Messing mit aufwendigen Gravuren, Holzschnitzereien, Gewölbearten und wuchtiges Mauerwerk. So hatte Morris die Geschichte seines Landes und seiner Vorfahren kennen- und liebengelernt und sich ein tiefes Verständnis der Natur erworben – lange bevor er die verträumten Türme der Universität von Oxford zu Gesicht bekam.

Im Jahr 1852 ging Morris nach Oxford, ein Jahr, nachdem er die Weltausstellung in London besucht hatte. Der Siebzehnjährige hatte sich jedoch nicht beeindruckt gezeigt: Er war überzeugt davon, daß die Ausstellung von der Industrie beherrscht war und von dieser nur dazu benutzt wurde, ihre billigen, in Massenproduktion gefertigten Produkte anzupreisen. Einer Anekdote gemäß soll sich Morris sogar geweigert haben, den Kristallpalast überhaupt zu betreten, weil er die darin gezeigten Produkte als häßlich empfand. Viel verlockender für ihn waren der weiche Kalkstein von Oxford, die rauschenden Ufergestade kleiner Flüßchen in der Umgebung und die anregende Gesellschaft von Dozenten und Kommilitonen.

Morris war ein begabter, wenn auch nicht sehr fleißiger Student, aber er verschlang die neuesten Bücher seiner Zeit, besonders jene von Thomas Carlyle (»Der Mensch ist ein Tier, das Werkzeuge benutzt. Ohne diese Werkzeuge ist er nichts, mit ihnen alles.«) und die von John Ruskin (»Erste Pflicht eines Staates ist es, dafür Sorge zu tragen, daß jedes seiner Kinder gut wohnt, gekleidet, ernährt und ausgebildet wird«). Trotz oder vielleicht gerade wegen seines ererbten Reichtums war Morris einer Meinung mit den Kritikern des Maschinenzeitalters und der materialistischen Gesellschaft. Er lernte den Maler Edward Burne-Jones kennen, einen Mann, der sein engster Freund und wichtigster Wegbegleiter werden sollte. Bald schlossen sich beide einer Gruppe von Studenten an, die sich mit Wehmut an das vorindustrielle Zeitalter erinnerte und eine Zeit vorhersah, in der der Künstler in

Als das Foto (oben) aufgenommen wurde, war Morris fünfzig Jahre alt und sein Garten von Red House nur mehr traurige Erinnerung. Aber Örtlichkeiten wie der Laubengang mit Rosen und Glockenblumen (links) hatten einen großen Einfluß auf den Künstler, der das Kunsthandwerk in England begründete.

der ehrenwerten Arbeit des Handwerkers aufgehen werde. Die Idee der kunsthandwerklichen Arts-and-Crafts-Bewegung – einer Verschmelzung von Bildender Kunst und Handwerk – war hier im Keim schon vorhanden.

Morris machte Reisen auf den Kontinent und besichtigte die mittelalterlichen Wandteppiche und gotischen Kathedralen in Nordfrankreich und Belgien. Bei seiner Rückkehr nach Oxford hatte er den festen Entschluß gefaßt, seinen ursprünglich angestrebten Beruf des Priesters aufzugeben und statt dessen eine Karriere als Architekt anzusteuern. Er ließ sich bei einer Architektengemeinschaft in Oxford anstellen, blieb aber nur so lange in ihren Diensten, bis er sich mit Philip Webb angefreundet hatte. Mit ihm teilte er seine im Innersten gespürte Begeisterung für die traditionelle Handwerkskunst – für Eisenverzierungen, Buntglasfenster, Holzschnitzereien, die Steinmetzkunst, Möbel und von Hand bedruckte Stoffe. »Alles von menschlicher Hand Gemachte hat eine Form, die entweder schön oder häßlich ist; schön, wenn sie mit der Natur übereinstimmt, und häßlich, wenn sie sich nicht im Einklang mit der Natur befindet, wenn sie ihr widerspricht«, sagte er in einem Vortrag.

Morris, immer noch jugendlich-ungestüm, verließ Oxford, um sich seinen Boheme-Freunden in London anzuschließen, wo er sich mit Burne-Jones, dem Freund aus Oxforder Tagen, ein Zimmer teilte. Kurze Zeit später sollten sich die beiden Männer zu der einflußreichsten Gruppe von Architekten und Designer des 19. Jahrhunderts formieren; aber zuerst mußten sie noch auf den Maler und Dichter Dante Gabriel Rossetti stoßen, den Dritten und Berühmtesten im Bunde. Rossetti gehörte, neben John Everett Millais und William Holman Hunt, zur geheimen Präraffaelitischen Brüderschaft. Diese Künstlergemeinschaft war mit ihren Regeln und den geheimnisvoll-symbolischen Themen ihrer Bilder auf Ablehnung gestoßen – Blasphemie, unterstellte ein Kritiker –, aber auch auf Zuspruch: Ruskin beschrieb ihr Werk als »edel«. Die Präraffaeliten kümmerten sich wenig um den allgegenwärtigen Einfluß der alten italienischen Meister, die Bitumen, das im Lauf der Zeit nachdunkelt, verwandten, um ihren Bildern Patina zu verleihen. Statt dessen brachten sie ihre leuchtenden Farben auf eine feuchte, weiße Grundschicht auf, die eine grobe Entwurfszeichnung durchschimmern ließ. Morris war von ihrem Stil in gleichem Maß fasziniert, wie er von Jane Burden fasziniert war, dem jungen Modell von Rossetti. Sie war die hochgewachsene, unnahbare, herb-schöne Tochter eines Stallknechts aus Oxford. 1859 willigte sie in eine Ehe mit Morris ein, gestand aber erst Jahre später, daß sie ihn nie geliebt hat.

Mittlerweile betätigte sich Morris auf beinahe allen Gebieten der Kunst und des Kunsthandwerks. Das Spektrum dabei reichte von Poesie, Prosa, Malerei, Möbeldesign, Wandmalerei, Buchillustration und Buchkunst ganz allgemein bis hin zu Übersetzungen isländischer Sagas. Mit der Gründung einer aus Herstellern und Designer bestehenden Firma, »Morris, Marshall, Faulkner and Co.«, später unter dem Namen »Morris & Co.« bekannt, beabsichtigte er, mit individuell entworfenen und handwerklich gefertigten Artikeln ein Gegengewicht zu den immer zahlreicheren, in Massenproduktion hergestellten Gebrauchsgegenständen zu bilden. Morris' eigene Entwürfe waren immer an der Natur orientiert und in allen Richtungen des Handwerks vertreten.

In den siebziger Jahren des 19. Jahrhunderts produzierte Morris florale Tapetenmuster, die sich in ihren

William Morris fertigte in Red House viele Skizzen an. Mit minutiöser Genauigkeit zeichnete er Kletterpflanzen wie Clematis und Geißblatt (links), die sich an den Spaliergittern im Garten hochrankten. Später wurden diese naturalistischen Skizzen zur Grundlage von Entwürfen wie zum Beispiel seiner Tapete »Trellis« (Spalier).

Motiven an Weide, Rittersporn und Jasmin orientierten. In den achtziger Jahren bildete das Färben und Bedrucken von Stoffen den Hauptinhalt seiner Arbeit; dabei entstanden so populäre Stoffkollektionen wie »The Strawberry Thief«. Obwohl die neuen, billigeren Anilinfarben, die zudem noch schneller trockneten, schon auf dem Markt waren, verwandte er weiterhin nur rein natürliche, auf pflanzlicher Basis hergestellte Farben: »Es war sehr schön zu beobachten, wie Seidenbahnen, die zunächst grün waren, als sie aus dem Zuber kamen, dann nach und nach einen Blauton annahmen«. Später ging die Firma Morris & Co. dazu über, ihre Stoffe von Hand zu bedrukken. Morris selbst zeichnete stilisierte Tulpen, Geißblatt-, Akanthus- und Ringelblumenmotive auf Pauspapier und ließ die Muster unter seiner Aufsicht auf die Druckstöcke aus Birnenholz übertragen. Daneben lieferte die Firma auch Vorlagen für Gobelins, die Morris und Burne-Jones selbst entwarfen. Die Aufgabe von Burne-Jones war es, die Figuren zu zeichnen, während Morris den floral-dekorativen Hintergrund beisteuerte. Pflanzliche Motive verwandte Morris auch für seine Webarbeiten, Teppiche und Wandteppiche. 1879 ließ er einen Webstuhl in seinem eigenen Schlafzimmer aufstellen, und es entstand, mit einem Zeitaufwand von fünfhundert Stunden, die Arbeit »Vine and Acanthus«, später unter dem Namen »Cabbage and Vine« bekannt. Dabei handelt es sich um einen prachtvollen Gobelin mit Darstellungen sich windender Weinranken und ineinander verschlungener Kohlblätter. In dieser Arbeit zeigt sich nicht nur die Meisterschaft des Künstlers in der Beherrschung seiner Mittel, sondern auch seine Sicht der vegetativen Welt.

Der Mann mit dem zerzausten Haar und dem wilden Bart galt als ständiger Unruhestifter. Er war revolutionärer Sozialist, ließ sich nicht zum Poeta laureatus küren, rief die »Gesellschaft zum Schutz historischer Gebäude« ins Leben und verachtete »das wuchernde Geschwür, das sich London nennt und in seiner widerlichen Häßlichkeit Felder, Wälder und Heideland gnadenlos verschlingt«. Die Viktorianer waren schlichtweg schockiert. Morris, der Rebell aus der feinen Gesellschaft, übernahm die Arbeitskleidung und den Lebensstil eines Handwerkers und gab sich seiner reichen Kundschaft gegenüber oftmals äußerst ruppig. Dennoch stattete die Firma Morris & Co. die Erste-Klasse-Kabinen auf dem Luxusdampfer »Titanic« aus und heute, ein Jahrhundert nach Morris' Tod, sind die Ideen der Arts-and-Crafts-Bewegung im zeit-

Auch diese Blumenrabatte im Garten von Red House in Kent (rechts) zeigt in ihrer Schlichtheit den Einfluß der Arts-and-Crafts-Bewegung – diese propagierte eine Verschmelzung von traditionellem Handwerk und Bildender Kunst und war die Antwort des Designers Morris auf den verfeinerten Stil der Viktorianer.

genössischen Design noch immer lebendig. Bei seiner Bestattung im Jahr 1896 wurde der schlichte Eichensarg auf einem bemalten, mit Rohrkolben und Weidenruten geschmückten Bauernfuhrwerk zum Friedhof des Örtchens Cotswold gebracht. In zahlreichen Nachrufen erinnerte man sich seiner als Designer, Poet, Handwerker, Schriftsteller und Sozialreformer. Einer seiner Ärzte soll als Todesursache sogar angegeben haben, »er sei eben einfach William Morris gewesen und habe in seinem Leben mehr gearbeitet als zehn Männer zusammen«. Morris fand jedoch als Gärtner in diesen Artikeln kaum Erwähnung, und ebensowenig nicht die Anregungen, die ihm seine Arts-and-Crafts-Gärten immer wieder vermittelten, obwohl einer seiner Biographen, J. W. Mackail, durchaus bemerkte, daß er »Blumen, Gemüse und Obstbäume in ihren Eigenarten und Möglichkeiten sehr gut kannte«.

Morris hatte, wo immer er wohnte, auch einen Garten. Kelmscott House, sein an der Themse gelegenes Haus in Hammersmith, war zu Ehren von Kelmscott Manor, seinem Refugium in Cotswold, so benannt worden. Der dortige Garten – seine Frau Jane sprach von »vielen malenswerten Winkeln« – war durchzogen von Kiespfaden, die sich um einen Walnußbaum und einen Tulpenbaum *(Liriodendron tulipifera)* herumschlängelten, zwischen den Kastanienbäumen und durch den Obstgarten hindurch. Er hatte kaum Gelegenheit, den Garten von Kelmscott Manor auszubauen, nicht zuletzt deshalb, weil Jane Morris dort mit ihrem Liebhaber, Rossetti, für eine gewisse Zeit wohnte. Tatsächlich verbrachte Morris den größten Teil seiner Zeit in London oder in der Nähe von London, und dennoch beherrschten Pflanzen- und Blütenformen einen Großteil seiner Arbeit.

Wenn er auch von seinen Kindertagen in Epping Forest zehren konnte, so war doch die kurze Zeit, während der er und Jane in Red House wohnten, die intensivste Phase des Lernens und der Naturbeobachtung. Red House wurde von dem stillen und introvertierten Philip Webb entworfen, jenem Architekten und Freund, den Morris während seiner Zeit in Oxford kennengelernt hatte. Wenn Webb einen Bauauftrag bekam, bereiste er ganze Grafschaften und erkundigte sich bei den dort ansässigen Handwerkern nach einheimischen Techniken und Materialien. Red House mit dem dazugehörigen Garten war der erste Auftrag, den Webb selbständig ausführte, und wie das Ehepaar Morris und dessen Freunde Burne-Jones und Rossetti, so war auch Webb intensiv darum bemüht, dieses Haus ausschließlich nach den Grundsätzen der Arts-and-Crafts-Bewegung zu bauen.

Morris hatte den Obstgarten in der Nähe von Bexley Heath (Kent) zufällig entdeckt, er gefiel ihm, und da sich das Grundstück außerhalb Londons, des »wuchernden Geschwürs«, befand, kaufte er es. Er beauftragte Webb, das Haus so in den Garten einzupassen, daß kaum ein Baum gefällt werden mußte. Schließlich stand es so nahe an den Bäumen, daß herabfallende Früchte immer wieder direkt durch die Türen in das Haus rollten. Das L-förmig gebaute Haus paßte sich den Gebäuden der Umgebung an, die handgefertigten Ziegel wiederholten sich in den Wegen, die in den Garten führten bis zu einem Brunnen, dem Mittelpunkt des gepflasterten Innenhofs. In viktorianischen Häusern war es üblich, daß sich die Küche, zusammen mit den Räumen für die Dienstboten, im rückwärtigen Teil des Hauses befand, aber in Red House war sie ein großer Raum mit Fenstern zum Garten. Burne-Jones entwarf die Buntglasfenster und bemalte die Wän-

William Morris war ein begabter und vielseitiger Künstler. Den Eindruck, den ein Gänseblümchen (oben) auf ihn machte, konnte er perfekt umsetzen in Tapeten- und Stoffmuster (gegenüber). Dabei war er ein ebenso guter Schriftsteller, Möbeldesigner und Buchillustrator. Und selbst wenn es um Blumen und Pflanzen ging, kannte er »ihre Eigenarten und Möglichkeiten«.

de mit mittelalterlichen Szenen, Rossetti bemalte Türfüllungen, Webb entwarf Möbel und Kerzenhalter, und Morris und Jane schließlich bestickten Wandbehänge und bemalten die Zimmerdecken mit floralen Mustern.

Äußerst ungewöhnlich war, daß die Pläne für das Haus auch detaillierte Angaben zur Bepflanzung des Gartens beinhalteten: Rosen und Jasmin wurden so gesetzt, daß ihr Duft am Abend zum Eßzimmerfenster hereinströmte; eine Passionsblume sollte sich an einer der Mauern hochranken und das Fenster der Speisekammer einrahmen. Die Bedeutung, die Morris dem Garten beimaß, zeigt sich schon allein darin, daß er begann, ihn anzulegen, ehe das Haus überhaupt stand.

Burne-Jones' Frau Georgiana beschrieb die Anlage des vorderen Gartens folgendermaßen: »Er war eingeteilt in vier kleine quadratische Gärten, die zusammen wieder eine große quadratische Fläche bildeten. Jeder der kleineren Gärten war umsäumt von einem Zaun aus Flechtwerk, hatte eine Tür, durch die man ihn betrat, und die Holzzäune waren dicht mit Rosen überwuchert.«

Morris' Stoffmuster umfaßten Blumen- und Blattmotive, wie zum Beispiel »Acanthus« (oben), in einem Stil, der auch nach einem Jahrhundert noch lebendig ist. Die Anregungen für viele seiner Motive holte er sich im Garten von Red House (rechts), das er nur sechs Jahre bewohnte.

Die Pläne zur Bepflanzung dieses paradiesischen, mittelalterlich wirkenden Gartens sind nicht erhalten. Aber Morris sprach oft mit Begeisterung von Sonnenblumen, Stockrosen und Spaliergittern, an denen sich Rosen in üppiger Pracht emporranken, und in der Tat, sein Notizbuch aus jener Zeit ist voll von sich kräuselnden Blättern, kletternden Ranken und dicht bewachsenen Spaliergittern – alles Motive, die sich in seinen späteren Entwürfen wiederfinden sollten. Der deutlichste Hinweis darauf, wie der Garten zu seiner Zeit ausgesehen hat, findet sich in einem Abschnitt seines Artikels *The Story of the Unknown Church*: »Im Garten fanden sich Spaliergitter, bewachsen mit Rosen, der Glockenwinde und der großblättrigen, feurigroten Gartenkresse; noch mehr Spaliergitter standen entlang der Pappeln, aber an diesen rankten sich ausschließlich Rosen in tiefem Purpurrot empor; auch die Stockrosen waren zu jener Zeit voll erblüht, große Säulen in Rosa, Orange, Rot und Weiß, mit weichen Blättern.«

Im Jahr 1865 verließen William und Jane Morris Red House und den Garten. Sie kamen nie mehr an den Ort der Inspiration zurück, und für beide sollte das Leben nie mehr so sein, wie es gewesen war.

KOBE

Isamu

Noguchi

(1904–1988)

Die hypnotisierenden Konturen geharkten Quarzsands legen sich wellenförmig um fünfzehn glatte Steine. Eine einzelne, scharf umrissene Gladiole steht in einer Vase auf dem Fensterbrett.

Unkraut im Reisfeld
Ausgejätet und einfach liegengelassen –
Dünger!

So lautet ein dem Zen-Meister Basho zugeschriebenes Gedicht – als wolle er zeigen, daß die Kunst eines Zen-Gartens gerade in der Abwesenheit jeglicher Kunstformen besteht.

Im Prozeß der wechselseitigen Beeinflussung von östlicher und westlicher Gartenkunst hat sich der japanische Garten in Europa und Amerika sehr schnell einen festen Platz erworben. Von einigen mißglückten Imitationen abgesehen – Gärten mit unglücklich plazierten Steinen, kitschigen Pagoden und Kranichen aus Bronze –, gibt es doch einige sehr gelungene Kreationen: den nach ihrer Lebensgeschichte ausgerichteten Garten von Tassa Eida im irischen Tully, den Clingendael genannten Garten in Den Haag oder die Nitobe-Gärten in Kanada. Eine äußerst wichtige, wenn auch unvorhersehbare Rolle bei der Verbreitung der buddhistischen Zen-Gärten mit ihrer strengen Schönheit spielte der japanisch-amerikanische Künstler Isamu Noguchi.

Noguchi war ein sehr produktiver Künstler, der sich zunächst mit sensiblen und einfühlsamen Portraitstudien einen Namen gemacht hatte: etwa mit einer Plastik aus Edelstahl, die seinen lebenslangen Freund Buckminster Fuller darstellt; der Bronze eines weiteren Freundes, des in Brooklyn geborenen Komponisten George Gershwin; dem zärtlichen und sehr persönlichen Portrait seiner Mutter, das trotz seiner Überzeugung zustande kam, er wäre nicht in der Lage, einen ihm allzu gut bekannten und nahestehenden Menschen zu portraitieren.

Isamu Noguchis Skulpturen fanden ihren Weg in private und öffentliche Kunstsammlungen auf der ganzen Welt. Aber der Mann, der seine letzten Jahre damit zubrachte, Landschaft zu gestalten, erreichte einen viel größeren Bekanntheitsgrad mit Arbeiten, die eher einen Raum darstellten als einen einzelnen Kunstgegenstand. Da gibt es seinen versunkenen Garten auf dem Platz vor der Chase Manhattan Bank in New York, seinen »Steingarten« im Hof des UNESCO-Hauptquartiers in Paris und jenes Werk, das, wie er meinte, seine Überzeugungen als Künstler am deutlichsten zum Ausdruck bringt, das wie ein Refugium wirkende Isamu Noguchi Garden Museum in New York. Der Garten wurde mitten in einem Industriegebiet von Long Island City errichtet und war eines der letzten Projekte, das Isamu Noguchi vor seinem Tod im Dezember des Jahres 1988 fertigstellte.

In den sechziger Jahren, als Noguchi Platz für seine Objekte brauchte, Platz, um an ihnen zu arbeiten und um sie zu lagern, kaufte er mehrere Fabrikgebäude in Long Island City. Wie Barbara Hepworth und Henry Moore (siehe S. 154ff. und 16ff.) wollte Noguchi seine Skulpturen im Kontext des Ortes ihrer Entstehung präsentieren. Er jedoch mußte, im Gegensatz zu diesen beiden Künstlern, seinen Garten völlig neu konzipieren und anlegen. Der mit Bäumen und Büschen bepflanzte Garten ist von den hohen Mauern der umstehenden Gebäude umschlossen. Die Anlage, teils Garten, teils Galerie, erinnert mit ihren elementaren Materialien – Stein, Holz, Erde und Luft – an

Monumentale Steine in einem mit Sand ausgestreuten Hof in Mure auf der japanischen Insel Shikoku (links). Wie viele andere Entwürfe des japanisch-amerikanischen Bildhauers Isamu Noguchi dient auch dieser Garten dazu, die Kluft zwischen traditioneller und zeitgenössischer japanischer Gartenkunst zu überbrücken.

die alten Zen-Gärten. Deren »Geheimnis beruht«, wie Alan Watts in seinem Buch *Zen-Tradition und lebendiger Weg* beschreibt, »darauf, die Leere des Raums mit den darin vorhandenen Objekten in Einklang zu bringen, und ganz besonders darauf, kein Wort zuviel zu sagen«.

Noguchi verglich einen Garten einmal mit einer Skulptur aus Raum. Seine eigenen Skulpturen, sagte er, seien »weder das eine noch das andere, sondern ein Ding im Raum, das unser Bewußtsein beeinflußt«. Sie waren letztendlich das, »was ich einen Garten nenne, in Ermangelung eines besseren Ausdrucks«. Aber ob er nun den Grundriß eine Gartens ersann oder die Pinselzeichnung einer Landschaft anfertigte, Isamu Noguchi war doch immer ein Künstler mit einer nie bewältigten Identitätskrise. In Amerika wurde der in Los Angeles geborene Künstler als Japaner betrachtet, und in Japan sah man in dem Sohn eines japanischen Dichters in wohlmeinender Absicht immer den Amerikaner. In einem Gartenbuch wird Noguchi als japanischer Gartenkünstler geführt, während er in einer Monographie über moderne Kunst als Bildhauer japanisch-amerikanischer Abkunft beschrieben wird. Schließlich erwarb sich der Mann, dessen Lampenkreationen aus Draht und ungebleichtem Reispapier Eingang in Millionen von Haushalte fanden, auch noch einen Platz in der Geschichte des zeitgenössischen Designs. Isamu Noguchi war und bleibt ein Rätsel. In den Jahren nach 1900 antwortete Leonie Gilmour, eine amerikanische Schriftstellerin, auf eine Zeitungsannonce von Yonejiro Noguchi. Noguchi war ein in Amerika lebender japanischer Dichter und suchte jemanden, der ihm bei der

»Mir gefällt der Gedanke, einen Garten als Skulptur des Raums aufzufassen«, schrieb Noguchi. Mit unendlicher Sorgfalt gestaltete er den mit Steinblöcken ausgelegten Hof vor seinem Atelier in Japan (oben). Perfekt ausbalanciert ist die Wirkung der Bäume und Skulpturen in seinem Garten in Island City, New York (rechts).

Übersetzung seiner Prosa ins Englische behilflich war. Die beiden begegneten einander und heirateten bald darauf, aber als Isamu im Jahr 1904 geboren wurde, war sein Vater längst nach Japan zurückgekehrt. Leonie Gilmour folgte ihm mit ihrem Sohn Isamu nach, sie bekam ein zweites Kind, Ailes, aber die Beziehung war dennoch nicht von Dauer. Isamu wurde im Alter von vierzehn Jahren nach Amerika geschickt, um die als progressiv geltende Interlaken School in der Nähe von Rolling Prairie im Staat Indiana zu besuchen. Danach war er für kurze Zeit als Medizinstudent an der Columbia University eingeschrieben; als aber im Jahr 1920 seine Mutter zusammen mit seinem Bruder in die Vereinigten Staaten zurückkehrte, wechselte er an die Leonardo da Vinci School of Art in New York, um Bildhauerei zu studieren. Leonie Gilmour zeigte sich einverstanden – sie wünschte sich immer, daß ihr Sohn »Auge und Hand übe, um seine Ideen auszudrücken«.

Noguchi wuchs in Japan und Amerika auf. Seine Skulpturen (oben und rechts) sind von seinem Lehrer Constantin Brancusi beeinflußt, seine Gartenentwürfe von den geharkten, nüchternen Steingärten in Kyoto. Mit ihnen schuf er »Räume, in denen Kunst so kunstlos ist, daß sie als solche gar nicht wahrnehmbar ist«.

Im Jahr 1927 erhielt Isamu Noguchi ein Forschungsstipendium der Guggenheim Fellowship zuerkannt. Er ging nach Paris zu Constantin Brancusi und brachte den Bildhauer dazu, daß er als Assistent in seinem Atelier arbeiten dürfte. Brancusi hatte seine Heimat Rumänien 1904 verlassen und war nach Paris gegangen, wo er zunächst bei Auguste Rodin studierte, um sich in der Folge ein eigenes Studio einzurichten. Brancusi konzentrierte sich darauf, das Wesentliche einer Skulptur herauszuschälen, und als der dreiundzwanzig Jahre alte Noguchi an der Tür seines Ateliers anklopfte, hatte er sich mit seinen eleganten, auf Hochglanz polierten Objekten bereits internationales Ansehen erworben.

Nach seiner Ausbildung bei Brancusi kehrte Noguchi nach New York zurück, wo er die Arbeit an seinen Por-

traitstudien aufnahm. Aber bereits im Jahr 1930 ging der Ruhelose wieder auf Reisen, diesmal mit der Transsibirischen Eisenbahn nach Peking, um sich dort über einen Zeitraum von acht Monaten von einem chinesischen Meister in der Kunst der Pinselzeichnung unterrichten zu lassen. Die folgenden sieben Monate verbrachte er in Japan in der Werkstatt eines Meisterkeramikers. Diese beiden Aufenthalte brachten ihm auch den traditionellen Zen-Garten wieder näher.

Isamu Noguchi verbrachte sein ganzes Leben mit Reisen und Arbeit. Er entwarf Bühnenbilder für Martha Graham, Kostüme für die Tänzerin Ruth Page, einen Brunnen für die Ford Motor Company, einen mit Glas verkleideten Kaffeetisch, Kinderspielplätze, Inneneinrichtungen, Skulpturen aus Steinplatten und multimediale Arbeiten. In den Nachkriegsjahren besuchte er das Dorf Gifu in Japan, dessen Bewohner berühmt für ihre Laternen sind, die sie aus der Rinde von Maulbeerbäumen fertigen. Kaum hatte er diese zu Gesicht bekommen, entstanden die ersten Skizzen für eine Reispapierlampe. Kurze Zeit später ging die berühmte Akari-Leuchte in Serie *(akari* bedeutet auf japanisch »Illumination«*)* und fand weltweite Verbreitung.

Es sollte bis in die fünfziger Jahre dauern, bis er seinen ersten Garten vollendete, obwohl er sich schon mit Landschaftsarchitektur befaßt hatte. Nachdem der Konflikt zwischen seinen beiden Vaterländern mit dem Abwurf der Atombomben über Hiroshima und Nagasaki ein grausames Ende fand, legte Noguchi den Entwurf eines Gartens vor, der dem Gedenken der Toten dienen sollte. Der Garten, sagte er, würde »einen Schutzzaun gegen das Dunkel« darstellen, aber der Entwurf wurde abgewiesen mit der Begründung, Noguchi wäre zu amerikanisch. Die Ablehnung war ein schwerer Schlag für einen Mann, der aufgrund seiner Herkunft zum Opfer der auseinanderdriftenden fernöstlichen und westlichen Kultur geworden war. Die etablierte westliche Kunstwelt zeigte sich irritiert angesichts der vielseitig schillernden Talente dieses Künstlers, der von moderner Bildhauerei ebenso beeinflußt war wie von traditionellen Ausdrucksmitteln wie Kalligraphie und Zen-Gartenkunst.

Auch persönliche Zurückweisungen mußte Noguchi erfahren: Als er versuchte, das Verhältnis zu seinem Vater neu zu beleben, der mittlerweile ein zweites Mal geheiratet und eine neue Familie gegründet hatte, mutete ihm der alte Mann statt eines herzlichen Empfangs nur Stunden »schweigender Gespräche« zu. In einem letzten Versuch, sich kulturell zu verankern, heiratete er schließlich eine japanische Frau, den Filmstar Shirley Yamaguchi, und kaufte ein altes, von Reisfeldern umgebenes Haus nahe der Stadt Kamakura. Er machte sich die dort üblichen traditionellen archaischen Sitten und Gebräuche mit einer Verve zu eigen, daß seine Nachbarschaft nur noch mit Staunen reagierte. Noguchi wandte sich vom Portrait ab, arbeitete statt dessen plastisch in Ton und studierte die überkommene japanische Handwerkskunst. Aber von Dauer war weder dieses Zuhause noch seine Ehe noch sein neuer asketischer Lebensstil. Am Ende waren es reiche westliche Konzerne, die sein Genie anerkannten und ihm die entsprechenden Möglichkeiten zur Umsetzung seiner Ideen boten.

Im Jahr 1956 bekam er durch Vermittlung des Bauhaus-Architekten Marcel Breuer den Auftrag, für das UNESCO-Hauptquartier in Paris einen Garten zu entwerfen. Noguchi sah, der Philosophie des Zen-Gartens verpflichtet, zwei Ebenen für den Garten vor: eine obere Terrasse mit behauenen Steinblöcken und quadratischen Sitzgelegenheiten und eine untere Terrasse mit Pflanzen auf kleinen Hügeln, Teichen sowie gepflasterten und begrünten Flächen im Wechsel. Auf Trittsteinen kann man trockenen Fußes die Wasserflächen überqueren, einige der Steinblöcke umgibt geharkter Kies. Die Pflanzen und Steine für diesen japanischen Garten ließ Noguchi direkt aus Japan einfliegen, und sogar die beteiligten Gärtner kamen aus Japan. Der Garten kann Noguchis Affinität dem Zen-Garten gegenüber nicht verbergen, dennoch zeigen die abstrakten, skulpturalen Pflanzengruppen und geometrischen Gras- und Steinarrangements – darin dem Werk Henry Moores nicht unähnlich – auch eine deutliche Nähe zu den organischen Formen in der Natur.

Das anschaulichste Beispiel für einen traditionellen Zen-Garten geben die Gärten von Kyoto. In dem berühmtesten, dem aus dem 15. Jahrhundert stammenden Garten in Ryoan-ji, wurden fünf Gruppen von Felsblöcken, von Bäumen umgeben, auf einer rechteckigen Fläche mit geharktem Sand arrangiert; den rückwärtigen Abschluß bildete eine Steinmauer. Eine Kunst für sich war es, die richtigen Felsblöcke zu finden. Man erkundete die Umgebung auf der Suche nach den Steinen, die durch die Ein-

Noguchi, Freund George Gershwins und Buckminster Fullers, Geliebter Frida Kahlos und Erfinder der berühmten Reispapierlampe, hat Gärten hinterlassen, die ebenso radikal wie seine Skulpturen sind (links).

flüsse der Witterung und des Wassers perfekt geformt sein sollten. Dann wurden sie noch für Jahre außerhalb ihres Bestimmungsorts gelagert, bis sich verschiedene Moose angesiedelt hatten, und sie endlich in dem für sie bestimmten Garten plaziert wurden. Als Noguchi in den frühen sechziger Jahren mit einer Gartenanlage für die Chase Manhattan Bank in New York beauftragt wurde, ließ er die Steine aus Kyoto kommen und legte sie in einem kreisförmigen Becken aus Granit ab, das er auf dem Platz vor der Bank aufgestellt hatte. Im Winter war der Garten trocken, aber im Sommer ließen die im Becken installierten Fontänen Wasser über die Steine plätschern.

Obwohl in Noguchis Garten auf Long Island im Staate New York Bäume und Sträucher wachsen (oben), schuf er auch einige Anlagen, die ganz ohne Erdreich und Pflanzen auskamen. »Es ist mein Bestreben, die Natur durch die Augen der Natur zu sehen und den Menschen als Objekt der Verehrung völlig außer acht zu lassen.«

Ebenfalls in den sechziger Jahren bestellte die IBM Corporation zwei Gartenanlagen für ihre Niederlassung in Armonk im Staat New York. Im ersten, der die Vergangenheit repräsentieren sollte, plazierte Noguchi grobe, unbehauene Felsblöcke zwischen Bäumen und Gras. Der zweite Garten sollte auf vielfältige Art und Weise die Zukunft symbolisieren: In ihm stand eine Pyramide aus brasilianischem Granit, eine an die Doppelhelix des DNA-Moleküls erinnernde Bronzeskulptur, eine schwarze, mit Formeln beschriftete Kuppel aus Beton und daneben eine konkave Form aus rotem Beton mit einer Fontäne darin. Und es gab weitere öffentliche Großaufträge: einen Brunnen mit einem computergesteuertem Wasserstrom an der Hart Plaza in Detroit, den Marble Garden für die Beinecke-Bibliothek an der Yale University in Connecticut, eine »Landschaft der Zeit« vor dem Regierungsgebäude in Seattle und schließlich seinen eigenen Privatgarten in Long Island City. Viele der späteren Gärten kamen ganz ohne Erde und Pflanzen aus, und

Noguchi benutzte statt dessen seine Monumentalskulpturen, um die Kräfte der Natur zu symbolisieren.

Seine überaus modernen Gärten waren das Werk eines Künstlers, der vom 20. Jahrhundert geprägt war – fünfzig kreative Jahre lang war Noguchi der Auffassung, daß alle seine Arbeiten reine Skulptur seien, egal ob es sich um die Bühnenbilder, die Anlagen im öffentlichen Raum oder die Gärten handelte. Vielen Menschen erschienen die Gärten sehr weit entfernt von der konventionellen Vorstellung eines Gartens, in dem die Farbe Grün und wuchernde Pflanzen vorherrschen. Aber in all ihrer Modernität schwingt in Noguchis Gärten doch auch etwas von den meditativen Schöpfungen traditioneller japanischer Gärten mit, seien es nun die geharkten Gärten des Zen-Buddhismus oder irgendein kontemplativer Garten in Tokio, der mit Miniaturkuppeln immergrüner Gewächse bepflanzt ist und regelmäßig gestutzt und geschnitten wird, damit sein immer gleiches Aussehen das ganze Jahr über erhalten bleibt.

Noguchis Freund Buckminster Fuller schrieb: »Was das Raumschiff Erde betrifft, muß man einen eminent wichtigen Punkt beachten: Es wurde keine Bedienungsanleitung mitgeliefert.« Ersatzweise bot Isamu Noguchi seinen visionären Blick auf die Welt an.

Wenn die organischen Formen im Garten, die Bäume und Sträucher, im Winter das kahle Gerüst ihrer Äste und Zweige zeigen, dann vermittelt Isamu Noguchis elementare Kunst eine die Jahreszeiten überschreitende Kontinuität. Der Bildhauer erklärte: »Das einzelne Element bezieht sich in Größe und Gestalt immer auf alle anderen und den umgebenden Raum.«

Patrick

Heron

(1920–1999)

Um die Mitte der zwanziger Jahre reiste die Familie Heron nach Cornwall, um dort die Familie eines Freundes, des Architekten William Arnold-Forster, in deren Landhaus zu besuchen. Während die Erwachsenen die aktuellen Tagesthemen diskutierten, zog es der kleine Patrick vor, ausgerüstet mit Bleistift und Zeichenblock den Garten zu erkunden. Für ein Kind war dieser Garten eine Welt voller Wunder und Überraschungen. Das von der Moorlandschaft Cornwalls umgebene Haus mit dem romantischen Namen »Eagles Nest« stand – einem Adlerhorst ähnlich – auf einem Hügel zweihundert Meter hoch über den blauen Wellen des Atlantiks. Von den umliegenden Feldern erklang das Zwitschern der Wachtelkönige, und in der Luft schwebten Bussarde, ihre scharfen Augen auf die felsgekrönten Berge der Umgebung geheftet. Silbrig schimmernde Granitblöcke und Felsstücke lagen auch übereinandergeschichtet im hochgelegenen Garten von Eagles Nest; sie wirkten wie das Spielzeug eine Riesenkindes.

Die Zeichnungen aus dieser frühen Zeit – »Den Entschluß, Maler zu werden, habe ich schon mit fünf gefaßt«, erinnerte sich der Künstler später – sind Zeugnis einer großen Begabung. Mehr als siebzig Jahre später, am Ende des Jahrhunderts, war Heron zu einem der führenden abstrakten Maler Englands und zum ständigen Bewohner von Eagles Nest geworden. Dazwischen lag die Zeit seiner Jugend, er heiratete, und trotz gelegentlicher Ausflüge nach Cornwall, die er zusammen mit seiner Frau Delia unternahm, ließ sich das Paar in London nieder. In den fünfziger Jahren stand Eagles Nest zum Verkauf, und Patrick und Delia Heron nutzten ihre Chance. Verläßt man Saint Ives auf der kurvigen Küstenstraße in Richtung Westen, dann ist von Eagles Nest zunächst wenig zu sehen, außer dem Giebel des Hauses, einer Reihe von verwachsenen Ahornbäumen und einigen blaßblauen Hortensien. Der Garten liegt versteckt hinter einer Hecke von Escallonia und einer traditionellen Steinmauer. Auch von innen ist der Grundriß des Gartens nicht genau zu erkennen, da der Blick zunächst auf ein Labyrinth von heckengesäumten Pfaden fällt. In den achtziger Jahren bestieg Heron zusammen mit einem Fernsehteam einen Hubschrauber, um Eagles Nest zu filmen. Aus der Vogelperspektive bot sich folgender Blick: Die Einfahrt des Hauses wurde flankiert von zwei Gärten, die beide jeweils um einen Granitblock als Zentrum angelegt waren. Ein dritter Garten mit mehreren Granitblöcken darin lag unmittelbar vor dem Haus. Jeder dieser drei Gärten war sorgfältig unterteilt in kleinere Garteneinheiten – in Gruppen gepflanzte Stauden, der Küchengarten, der Obstgarten, ein Frühbeet, ein terrassenförmig angelegter Rasen, in einer Nische wachsende Farne. Verbunden wurden diese Einheiten durch ein Netz von geschwungenen Gras- und Kiespfaden, die das Haus wie ein Halskette umschmiegten.

Der Pfad vor dem Haus schlängelte sich durch eine Steingruppe hindurch, führte einen kleinen Abhang hinunter in einen schattigen Bereich und geleitete den Besucher über eine steile Holztreppe wieder zum Haus zurück. Östlich davon wand sich ein zweiter Pfad zwischen weiteren Granitblöcken, umkreiste den zentralen Monolithen und führte schließlich durch den Küchengarten, eine Gruppe von Eschen und einen duftenden Garten wieder zurück zum Haus. Der nach Westen gelegene Kiespfad verlief durch einen weiteren Küchengarten, umkreiste einen zweiten Monolithen und führte, gesäumt von Kamelien und Azaleen, weiter abwärts zu einer dunkelgrünen Rasenplattform, die endlich den Blick zum Meer freigab.

Patrick Heron, einer der bedeutendsten englischen Maler seiner Generation, wurde schon als kleines Kind von diesem Garten mit seinen massiven Steinblöcken (links) bezaubert. Ein Vierteljahrhundert später sollte ihn das Schicksal an diesen verschwiegenen Ort am Meer in Cornwall zurückbringen.

Viele berühmte Persönlichkeiten haben hier gestanden und den Ausblick genossen, die Hand schützend über die Augen gelegt angesichts des gleißenden Lichts: Virgina Woolf, der Surrealist Roland Penrose mit seiner Frau, der *Vogue*-Fotograf Lee Miller (ein Freund von Pablo Picasso und Man Ray), Barbara Hepworth und Ben Nicholson. D. H. Lawrence machte die Klippen entlang seine Spaziergänge, um sich von der Arbeit an seinem Roman *Liebende Frauen* zu erholen. Auch Gertrude Jekyll (siehe S. 170ff.) lebte hier für eine Weile in einem Cottage nebenan; eines ihrer Markenzeichen, eine von Hand feinsäuberlich aufgeschichtete Gartenmauer aus funkelndem Granit, erinnert an ihren Aufenthalt.

Spätere Besucher stellten sich sehr schnell darauf ein, hinter jeder Biegung eines Pfades etwas Besonderes zu entdecken: eine weiße Glyzinie, die sich an einem mit Flechten bewachsenen Steinblock emporrankte, den verführerischen Duft eines winterharten Schneeballstrauchs, ein Meer von pinkfarbenen Guernsey-Lilien, einen unter Azaleen und Neuseeland-Hoherien wachsenden Teppich von Zyklamen. Im Winter schimmerten in diesem Garten das Grün der Flechten und das Schwarz und Grau des seidigen Lebermooses sowie die Moospolster, die jeden Ast und jeden Stein modellierten. Im Frühling und Sommer erblühte dann jede einzelne dieser Garteneinheiten: die Treibhausmimose mit einem Meer von zartgrünen Blättern und gelben Blüten, die duftende, großblütige Olearia, das Scharlachrot einer gerade aufblühenden Gloire-de-Nantes-Kamelie. Der Rausch von Farben scheint ein Widerhall auf jene – wie ein Kritiker es nannte – »erfrischende Vitalität und Bündigkeit« Herons eigener Bilder zu sein.

Patrick Heron wurde 1920 in Leeds geboren, seine Familie siedelte jedoch fünf Jahre nach seiner Geburt nach Cornwall über. Als er sieben Jahre alt war, verbrachten sie fünf Wintermonate in Eagles Nest: »Ich erinnere mich sehr genau«, erzählt Heron, »die heute neun Meter hohe Eucryphia war damals gerade sechzig Zentimeter hoch, und ich zog immer an den Zweigen.« Im Jahr 1929 mußte die Familie die Moorlandschaft Cornwalls verlassen und zog nach Welwyn Garden City in der Grafschaft Hertfordshire. Zehn Jahre später, als der junge Patrick Heron sein Studium an der Slade School of Fine Art in London aufnahm, brach der Krieg aus. Heron, auch damals schon überzeugter Pazifist, zog einen Arbeitseinsatz auf dem Land dem Militärdienst vor. In den kargen, stürmischen Niederungen von East Anglia half er den Zuckerrübenbauern bei der Ernte. Er erkrank-

»Malen ist immer abstrakt. Aber die Kraft der Abstraktion liegt darin, daß sie die uns umgebende Welt sichtbar machen kann«, schrieb Heron 1987. Sein Bild »12–30 March: 1994« veranschaulicht diesen Standpunkt. Die weißen Blütenköpfe von Libertia, die rippenartigen Zweige von Neuseeländer Flachs (Phormium) *und das gegen Wind und Wetter unempfindliche Kreuzkraut bilden den rückwärtigen Abschluß der dunkelgrünen Rasenplattform von Eagles Nest.*

Die stark duftende Camellia sasanqua*, eine empfindliche Kamelienart, kann man in Großbritannien nur selten im Freien ziehen. Hier wächst sie an einem der vielen Granitblöcke, die den zerklüfteten Garten von Eagles Nest schmücken (links).*

»Green and Mauve Horizontals: January 1958« gehört zu den Gemälden, die Patrick Heron als einen der interessantesten Künstler der zweiten Hälfte des 20. Jahrhunderts etablierten.

te häufig und wurde schließlich fortgeschickt, um zusammen mit einem der kreativsten Keramiker seines Landes, Bernard Leach, in dessen Werkstatt in Cornwall zu arbeiten. Nach dem Krieg lernte er Delia Reiss kennen. Das Paar heiratete bald darauf, und als er wieder zu malen begann, siedelten sie nach London über. Im Lauf der nächsten elf Jahre malte Heron nicht nur (seine Portraits von T. S. Eliot und Herbert Read hängen heute in der National Portrait Gallery in London), sondern arbeitete auch als Kunstkritiker für Magazine wie den *New Statesman* und als Hochschullehrer an der Central School of Arts and Crafts.

In Herons Bildern, die von Henri Matisse und Pierre Bonnard beeinflußt sind, spiegelt sich seine Begeisterung im Umgang mit Licht und Farbe wider. Er entwickelte einen progressiv-abstrakten Stil und gehörte um die Mitte der fünfziger Jahre mit zu den originellsten Künstlern seiner Generation. Patrick Heron stellte in London, New York, in der Schweiz und in Australien aus, lehrte in den Vereinigten Staaten, Australien und Japan, hatte Gaststipendien in Neusüdwales und in Neuseeland; er entwarf Stoffmuster, Buntglasfenster und, speziell für den Stag Place in London, eine »Big Painting Sculpture« genannte Freiluftinstallation. Er experimentierte mit Farbtönen, die er flächig nebeneinandersetzte, und mit der wechselseitigen Beeinflussung und Deutung geometrischer Formen. In Zusammenhang mit dieser Malweise wurde er mehrmals daraufhin angesprochen, ob es denn eine Verbindung gebe zwischen seinen Gemälden und dem »Ausläufer des Moors mit den Steinen und Felsblöcken«, an dem er wohnte. »Die Frage erstaunte mich«, sagte Patrick Heron – er war sich offensichtlich keines Zusammenhangs zwischen seinen beiden Leidenschaften bewußt. »Es gab nie eine erkennbare, direkte Verbindung oder Beziehung zwischen meinen Bildern und meiner Landschaft.«

Der Garten in Eagles Nest wurde von William Arnold-Forster entworfen, einem Maler, der wie Heron die Slade School of Fine Art absolviert hatte; er stellte eine einfühlsame Antwort dar auf die wildromantische Szenerie seiner Umgebung. Aufgrund der exponierten Lage hoch über der Küste war der Garten ständig der vollen Gewalt der gischtbeladenen Stürme ausgesetzt

Ein Gartentisch aus grauem Schiefergestein vor einer als Windschutz gepflanzten Escallonia-Hecke (links). Die Form des zugeschnittenen Buschwerks erinnert an die Form der Felsblöcke im Garten. »Ich bin kein Gärtner», behauptete Patrick Heron. »Ich habe dem Garten lediglich seine Form gegeben.«

(»während unseres ersten Winters hier fragten Delia und ich uns, wie lange das Dach wohl noch standhalten würde«), und Arnold-Forsters erste Aufgabe war es, Hecken zu pflanzen, Mauern aufzuschichten und Schutzwälle anzulegen. Sein Vorbild waren die seit Jahrhunderten in Cornwall üblichen Erdwälle, die an den Seiten mit Steinen verkleidet und mit Grassoden abgedeckt wurden. Die Hecken bestanden aus Escallonia, einer Pflanze, die hervorragend dazu geeignet ist, dem Wind und der Gischt Widerstand zu leisten. Nachdem er auf diese Weise geschützte Areale im Garten geschaffen hatte, konnte sich William Arnold-Forster nun das gemäßigte Klima, den neutralen bis sauren Boden und das gleißende Licht zunutze machen. Das Licht an der Küste Cornwalls ist immer gleich klar, auch wenn vom Meer her Dunst aufzieht oder Himmel und Meer zusammen nur noch eine einzige graue Wand bilden: »Auf dieser Halbinsel«, erklärte Heron, »verhält sich das Meer wie ein riesengroßer Spiegel, der das Licht nach oben in die feuchte Atmosphäre reflektiert, die es dann auf das Land zurückstrahlen läßt.«

»Fourteen Discs: July 20 1963« (oben). Herons Gemälde sind entschieden nonfigurativ und ein freudiges Fest der Farben. Er schrieb einmal: »Die einzige Regel, an die ich mich beim Malen halte, ist die: Ich gestatte meiner Hand immer, mich zu überraschen.«

Arnold-Forster pflanzte widerstandsfähige Kreuzkrautstauden, Heidekraut, Kamelien und Azaleen, die robuste Neuseeland-Satinblume *(Libertia grandiflora)* und die Crocosmia. Um Material für *Shrubs for the Milder Counties* – ein Pflanzenbuch über Büsche und Sträucher der milderen Regionen – zu bekommen, experimentierte er auch mit weniger widerstandsfähigen Pflanzen wie zum Beispiel Banksia, Eucryphia und *Metrosideros lucida*, einer scharlachrot blühenden Verwandten der Myrte.

Als Patrick und Delia Heron sich 1956 in Eagles Nest niederließen, erlebten sie auch die eine oder andere Katastrophe: »Wir verloren unsere *Metrosideros lucida*, eines von ungefähr nur vier Exemplaren in England, in einer einzigen, schlimmen Frostnacht. Ich habe sie an der Ostküste Neuseelands in voller Blüte gesehen: Es sah aus, als habe jemand mit dem Pinsel einen Farbstrich über das Land gezogen. Es ist uns gelungen, in Kew Gardens Ersatz für sie zu bekommen.« Delia Heron »war Krankenschwester, Ärztin und Therapeutin für ein Meer von blühenden Stauden und Bäumen«, während Patrick Heron »dem schon Vorhandenen eine Form gab«. Die Hand des Künstlers hinterließ fast wie von selbst ihre Spuren: »Ich gab der Escallonia die Form, in der sie den Stürmen am besten trotzen konnte. Im nachhinein fiel mir auf, daß die Hecken manchmal eher eckig und scharfkantig, manchmal eher rund wirkten.«

In den frühen achtziger Jahren, während einer Teilretrospektive seines Werks in der Barbican Art Gallery in London, bezeichnete Heron seine jüngsten, großformatigen Bilder als »Garten«-Gemälde. »Aber«, erklärte er, »erst als die meisten von ihnen schon fertiggestellt waren, kam ich auf das Wort ›Garten‹ als passenden Titel, um sie von den glühend-intensiven, dichten Gemälden der siebziger Jahre, die ihnen vorausgingen, zu abzusetzen.« Nicht sehr viel später unternahm Heron seinen Helikopterflug über Eagles Nest.

»Wir flogen im Kreis, einmal höher, dann tiefer und wieder höher, wie ein Schmetterling. Und ich war höchst erstaunt. Dort unter mir, wie auf einem Plan, lagen alle meine jüngsten Gouachen, die als gänzlich nonfigurativ gedacht waren, obwohl sie ›Garten‹-Gemälde hießen.«

Der Künstler, der die Kunstwelt mit den leuchtenden, freudigen Farben seiner abstrakten Gemälde in Aufregung versetzt hatte, der die Möglichkeiten von Farbe an ihr Äußerstes brachte, schien auf seine eigenen Gemälde herabzublicken. »Ich sah auf ein dichtes Gewebe von überdimensionalen, aufeinander abgestimmten Bildern, von aufeinander bezogenen Farbflächen, genau wie in meinen Gemälden.«

Sein Garten brachte Heron zu der Erkenntnis, daß seine Gemälde auch ein Reflex auf die Landschaft Cornwalls waren. »Ich habe das überhaupt nicht beabsichtigt. Aber darum geht es beim Malen gerade: Man geht nie bewußt vor, nichts wird bewußt angestrebt. Die Bedeutung eines Werks, überhaupt von allem, zeichnet sich erst ab, nachdem es abgeschlossen ist.«

Der Kunstkritiker Herbert Read, der auch schon in Eagles Nest zu Gast war (Heron erinnerte sich, wie begeistert sich Read gezeigt hatte angesichts einer Gruppe blauen Enzians auf einer Steinmauer), beschrieb Kunst als »ein Muster, das durch Sensibilität beseelt wird«. Herons eigene, beseelte Sensibilität vereinte sich mit einem wachen Gespür nicht nur für Farbe und Form, sondern auch für Gestalt und Struktur. Es konnte vorkommen, daß der Künstler nach dem Essen in seiner Küche saß, die Blicke über das behagliche Chaos schweifen ließ und dabei nicht die Unordnung sah, sondern die Komposition einer hölzernen Salatschüssel auf dem Fensterbrett in Einheit mit der Linie des Horizonts im Hintergrund. Heron registriert mit dem Bewußtsein des Malers, wie er es nennt, das Schillern der ockerfarbenen Rinde eines Myrtenbaums, das smaragdgrüne Laub einer Olearia, die »unendlich amorphe Fülle von Farbe und Licht« im Garten. Dieses kleine Fleckchen Erde, das der Künstler seit über siebzig Jahren kannte und das von Wind und Wetter ebenso geformt wurde wie von ihm selbst, hat sich auch in sein Werk geschlichen. »Die Farben, die Formen und Gestalten des Gartens haben etwas in mir bewegt«, erklärte er und fügte nachdenklich hinzu: »Mein Leben wäre ein völlig anderes ohne eine Azalee oder eine Kamelie.«

Die roten Blüten und das grüne Blattwerk einer japanischen Azalee schließen nahtlos an ein dichtes Polster blühenden Heidekrauts an. Die Ansicht seines Gartens aus der Vogelperspektive, von einem Helikopter aus gesehen, erwies sich als aufschlußreiches und einschneidendes Erlebnis für den Künstler.

Childe

Hassam

(1859-1935)

Keine Blume ist von den Impressionisten so oft gemalt worden wie die Mohnblume. Mit ihren schillernden Rottönen wurde sie schon fast zu einem Markenzeichen der Werke von Pierre Auguste Renoir, Claude Monet, Mary Cassatt und Vincent van Gogh. Auch für Childe Hassam war der Mohn ein wichtiges und immer wiederkehrendes Motiv. Er ist auf einer Reihe von Gemälden zu sehen, die viele Kunstkenner zu den schönsten seines Gesamtwerks zählen.

Hassam gehörte zu den bedeutendsten Persönlichkeiten der impressionistischen Bewegung in Amerika. Er führte ein unruhiges Wanderleben, war immer in Bewegung und malte, so häufig er konnte. Das Malen war eine Tätigkeit, die ihm mehr Freude als irgendeine andere bereitete, was auch den gewaltigen Umfang seines Werks erklärt. Es besteht aus mehreren tausend Aquarellen, Ölbildern, Pastellen und Radierungen. Hassam war bekannt für die Leuchtkraft seiner Farben: Gold, Bernstein, Rot und smaragdartig changierende Töne zwischen Grün und Blau. Wenn ein Kritiker monierte, das Blau seiner Bilder sei zu intensiv, antwortete er stur, er würde eben »Luft bevorzugen, die man auch atmen kann«.

Childe Hassam war ein kluger Künstler, der seine Werke mit Charme und Nachdruck nach außen hin vertrat. Er war schon früh als Künstler anerkannt und wurde bald auch einem breiteren Publikum bekannt. Einen Teil seines Erfolges verdankte er auch der Gastfreundschaft und Weitsichtigkeit seiner Freundin Celia Thaxter. Sie besaß ein mit Wandschindeln verkleidetes Sommerhaus auf Appledore Island, einer Insel, die zu den Isles of Shoals im Atlantik vor der Küste von Maine gehört. Über zwei Jahrzehnte lang kam Hassam als Gast in diese ungewöhnlich schöne Gegend und malte Thaxters Blumengarten. Diese meerumtoste Insel mit ihren Felsnasen und spektakulären Sonnenuntergängen bot eine beeindruckende Kulisse für einen Garten, und Celia Thaxter, Dichterin und Essayistin, nahm die Herausforderung gern an, dort, in diesem steinigen Erdreich, ihren hauptsächlich für Schnittblumen gedachten Garten anzulegen. Und sie hatte Erfolg. Wenn der Garten mitten im Sommer in voller Blüte stand, konnte sie mehr als hundert Blumensträuße pro Woche schneiden.

Childe Hassam (oben) ist heute weniger bekannt als zur Zeit der Jahrhundertwende, als er zu den bedeutendsten Künstlern der impressionistischen Bewegung in Amerika gehörte. Eines seiner bevorzugten Motive war der einfache Klatschmohn (links) im Garten der mit ihm befreundeten Dichterin Celia Thaxter.

Zu Childe Hassams besten und atmosphärisch dichtesten Bildern gehören zweiundzwanzig Aquarelle, die er zur Illustration von Thaxters 1894 erschienenem Buch *An Islandgarden* malte. Sie berichtete darin von der Vielfalt der Blumen in ihrem Inselgarten, gab Ratschläge und Tips zu ihrer Pflege, plauderte über ihre Lieblingsblumen und erklärte, warum sie sich für die eine oder andere Sorte entschieden hatte. Thaxter liebte Mohnblumen und widmete ihnen ein ganzes Kapitel ihres Buches. Sie pflanzte eine Viel zahl von Sorten und war begeistert von den leuchtenden Farben, schwärmte von den verschiedenen Gelbtönen des Kalifornischen Mohns von den zarten farblichen Abstufungen des Shirley-Mohns, die von rosé, scharlachrot, purpurrot bis hin zu fliederfarben reichten. Seine Blüten konnten mit einem Durchmesser von zehn Zentimetern fast untertassengroß werden. Sie liebte auch das strahlende Gelb, Orange und Weiß des Islandmohns und die außerordentliche Intensität des Türkenmohns. Celia Thaxter züchtete ihre Mohnblumen in elf rechteckigen Beeten – Holzbretter verhinderten das seitliche Abrutschen der Erde. Das ganze Areal war von einem Zaun aus weißen Planken umgeben,

wodurch das weiß geschindelte Haus wie eine Verlängerung des Gartens und der Garten wie eine Verlängerung des Hauses wirkte. Auf diesem perfekt geplanten und eingeteilten Stück Land kamen in jeder Saison über fünfzig verschiedene Pflanzenarten zu üppigster Blüte, unter ihnen Rosen, Clematis, Dahlien, Glyzinien, Phlox, Astern, Rittersporn und blaue Kornblumen. Celia pflegte frühmorgens um fünf Uhr, wenn das ganze Haus noch schlief, allein in ihren Garten zu gehen, um zu genießen, was sie als »stille Freude, die mich mit unendlicher Zufriedenheit erfüllt« bezeichnete.

Ihr Freund Childe Hassam, dessen Vater Kaufmann und ein leidenschaftlicher Antiquitätensammler war, stammte aus einer wohlhabenden, traditionsreichen

Celia Thaxter konnte in ihrem Blumengarten (rechts) auf Appledore Island vor der Küste des amerikanischen Staates Maine, jeden Sommer Hunderte von bunten Sträußen schneiden. Zwanzig Jahre lang kam Childe Hassam im Sommer hierher und malte bunte Aquarelle wie das berühmte Mohnblumenbild »Poppies« (oben).

Familie aus Dorchester im Staat Massachusetts. Sehr früh entschied er sich gegen ein Universitätsstudium und zog eine künstlerische Laufbahn vor. Er arbeitete im Atelier eines Künstlers in Boston, der sich auf Holzschnitte spezialisiert hatte. Dort verfertigte er Buchillustrationen, Briefpapier und rein ornamentale Muster. 1883 reiste er nach Europa, lernte Italien, Spanien, die Niederlande und England kennen. Wieder zurück in Boston, nutzte er die Früchte seiner Reise und stellte eine Reihe von Bildern aus, die er in Europa gemalt hatte. Im Lauf der nächsten drei Jahre absolvierte er ein Kunststudium; danach arbeitete er als selbständiger Graphiker für verschiedene Magazine, Zeitschriften und Zeitungen.

Im Jahr 1886 reiste er ein zweites Mal nach Europa, um seine künstlerischen Techniken als Künstler zu vertiefen. Er schrieb sich an der Académie Julian in Paris ein, einer Schule, die für viele amerikanische Künstler Ausgangspunkt und Stimulation war. Hier entdeckte er den Impressionismus für sich, und bald veranstaltete er, obwohl er immer noch im Ausland war, eine Reihe von Ausstellungen in Boston. In einer dieser Ausstellungen waren hauptsächlich Garten- und Straßenszenen aus Paris und seinen Vororten zu sehen. Sein Werk fand zunehmende Anerkennung auf beiden Seiten des Atlantiks, und im akademischen Pariser Salon wurde ihm 1888 für sein Bild »Grand-Prix-Tag« die Goldmedaille verliehen.

Das Jahr der Pariser Weltausstellung 1889 (ein Anlaß, der mit der Sensation des Eiffelturms gefeiert wurde) erwies sich für zahlreiche amerikanische Künstler als sehr erfolgreich. Viele von ihnen wurden mit Preisen ausgezeichnet, auch Childe Hassam, der in jenem Herbst mit einer Bronzemedaille in die Vereinigten Staaten zurückkehrte. Im Jahr darauf veränderte sich Hassams Stil, er entwickelte eine komplexere, an den Impressionismus angelehnte Malweise. Dabei wurde in der pointillistischen Manier Monets die Farbe mehr aufgetupft als aufgestrichen, was einen lebendigen, irisierend-flimmernden Effekt ergab. Nach einem Jahr hatte er es in dieser Maltechnik zu wahrer Meisterschaft gebracht. Obwohl noch einige andere amerikanische Künstler auf diese Weise arbeiteten, so schien doch Childe Hassam dem Ansatz Claude Monets am nächsten zu kommen. Er selbst jedoch hat sich nie öffentlich über den unmittelbaren Einfluß des bekannten französischen Malers auf sein Schaffen geäußert; da er sich als Autodidakt bezeichnete, hielt er sich, was seinen künstlerischen Hintergrund betraf, immer sehr bedeckt.

Im Dezember 1897 trat Hassam aus der Society of American Artists aus, ernüchtert angesichts der enormen Quantität und der mittelmäßigen Qualität der gezeigten Werke. Andere, Hassam gleichgesinnte Künstler aus New York und Boston erklärten ebenfalls ihren Austritt, mit dem Ziel, eine eigene Gruppe zu bilden, die gegenüber den neuesten Entwicklungen der Kunst, besonders dem Impressionismus, toleranter sein wollte. Es formierte sich die Gruppierung der »Zehn amerikanischen Maler«, die vor allem unter dem Namen »Die Zehn« bekannt wurde und für die nächsten zwanzig Jahre zusammen Ausstellungen bestritt.

Nach seiner Rückkehr nach Amerika im Jahr 1889 ließ sich Hassam in New York nieder, hielt sich aber nur den Winter über dort auf und malte dann Stadtansichten in seinem Atelier - er war fasziniert vom Hasten der Menschen und dem geschäftigen Treiben der Großstadt. Während des Sommers malte Hassam in den Ferienorten an den Küsten New Yorks und Neuenglands. Da er gerade Küstenlandschaften und ihr ganz spezielles Licht liebte, hielt er sein ganzes Leben an der Gewohnheit, sie zu malen, fest. Seit dem Jahr 1890 jedoch war Appledore zu seinem liebsten Aufenthaltsort geworden. Hassam kam für die nächsten zwanzig Jahre dorthin zurück,

Eine Seemöwe läßt ihren Blick über Rittersporn und Mohnblumen in Celia Thaxters Inselgarten schweifen (links). Im Sommer 1890, als Thaxter noch Schülerin seiner Aquarellklasse in Boston war, lud sie Childe Hassam zum ersten Mal in ihr Haus am Meer ein; er kam jeden Sommer wieder, selbst als die Dichterin schon gestorben war. Der prachtvolle Garten blieb in seiner ursprünglichen Anlage erhalten (oben).

selbst nach dem Tod Celias, wohnte in dem weißen, geschindelten Haus und malte den sommerlichen Garten.

Er hatte Celia Thaxter kennengelernt, als sie Schülerin seiner Aquarellklasse in Boston war, und ihre erste Einladung nach Appledore markierte den Beginn einer langen Freundschaft. Ihr Inseldomizil war ein Anziehungspunkt für die kulturelle Elite Bostons und entwickelte sich zu einer Art Salon, wo die Besucher zusammen mit Musikern, Literaten und anderen Künstlern den intellektuellen Austausch pflegten. Dennoch blieb es für Hassam und Thaxter auch das abgeschiedene Refugium und die Oase, an der sie ihre künstlerische Energie bündeln konnten. Er feierte ihren Garten mit seinen Gemälden, und sie ließ den Garten in ihren Gedichten und Prosastücken wiederaufleben.

Thaxter, die Hassams Bilder sehr schätzte, war Gastgeberin und doch auch mehr als das. Mit ihrer Phantasie und der Art, wie sie ihren Garten gestaltete, beeinflußte sie Hassams Werk unmittelbar. Sie war es auch, die Hassam riet, seinen ersten Vornamen, Frederick, abzulegen und statt dessen auf seinen fremdartig klingenden zweiten Vornamen zu setzen. Sie lenkte die Aufmerksamkeit des Malers auch auf bestimmte Motive und Blumenarten. Die Seerose hatte in der Geschichte der impressionistischen Malerei immer einen ganz besonderen Stellenwert, und auch Childe Hassam hat sie gemalt, obwohl er Monet in seinem Haus in Giverny mit den Seerosenteichen nie besucht hat. Celia Thaxter brachte Seerosen in den Salon ihres Hauses und stellte sie, als Motive für Hassams Sti lleben, in schlanke, hohe, flötenformige Vasen. Und auch die von ihr so geliebten Mohnblumen stellte sie in Vasen, wie die Seerosen, auch wenn sie kaum länger als einen Tag hielten. Im Arbeitszimmer auf Appledore, das mit rotem Klatschmohn und orange- und gelbfarbenem Islandmohn geschmückt war, malte Hassam mehrere dieser Blumenarrangements. In ihrem 1901 erschienen Gartenbuch *Content in a Garden* würdigte Candace Wheeler das kreative Talent Thaxters: »Niemand wußte die Wirkungsmöglichkeiten von Farbe so zu nutzen wie sie. Das zarte Gespür dieser Frau, Künstlerin und Dichterin für Harmonie schwang noch im unscheinbarsten Blumengebinde und erfüllte den Raum mit einer Atmosphäre, die einem das Gefühl gab, man würde in einem Regenbogen leben.«

Auch Hassam wußte nur zu gut Bescheid über die Geheimnisse der Farbe. Er verstand es, die Intensität einer Farbe zu steigern, indem er sie mit der entsprechenden Komplementärfarbe kombinierte. So wurde bei ihm die glühende Intensität einer Mohnblume noch verstärkt, indem er sie gegen einen Hintergrund grünen Blattwerks setzte.

Thaxters Garten gab ihm ausreichend Gelegenheit, dieses Wissen beim Malen auch anzuwenden. Im Mittelpunkt des Bildes »The Garden in its Glory« aus dem Jahr 1892 steht jener Rundbogen, durch den der Weg zum überdachten Vordereingang des Hauses führte. Der metallene Rundbogen, eingebettet in saftiges Grün, wurde durch das Rot der Mohnblumen und Stockrosen (eine das Seeklima besonders gut vertragende Pflanze), die an ihm emporwuchsen, zu einem wahren Glanzlicht des Bildes. Dieses Fest der Farben vollendete Hassam mit dem leuchtenden Gelb von Mädchenaugen, die neben den Eingangsstufen blühten. Die auffallende Dichte des Gesamteindrucks erreichte er durch einen bewegten, kurzen und nach allen Richtungen ausgreifenden Pinselstrich. Ein Kritiker, der über eine Ausstellung von Hassams Aquarellen berichtete, sprach in seinem Artikel davon, daß diese Bilder »jenen Menschen, die den auf Appledore gelegenen Garten der Dichterin nicht besuchen können, einen Eindruck vom besonderen farblichen Reichtum vermitteln, den Mohn und Ringelblumen im Licht des Meeres entwickeln«.

In seinem Bild »Thaxter's Garden« (oben) von 1892 nutzte Hassam die impressionistische Maltechnik, um Farbe und Bewegung der Blumen wiederzugeben und um das Sonnenlicht auf den weißen Holzschindeln des Hauses zum Leuchten zu bringen. Sonnenaugen und Cosmeen umspielen den Gartenzaun (rechts) und erfreuen mit hochsommerlichen, leuchtenden Farben.

Wenn Hassam diesen Garten malte, berücksichtigte er nicht nur die besonderen Lichtverhältnisse und die Tiefe der Farben, sondern auch die Größe des Gartens und seine Lage auf einer felsigen Anhöhe hoch über dem Atlantik. Obwohl Celia Thaxters Blumenparadies nur fünfzehn Meter lang und fünf Meter breit war, hat der Betrachter von Hassams Bildern doch den Eindruck einer gewissen Grenzenlosigkeit. Dadurch, daß der Künstler beim Zeichnen und Malen immer Land, Meer und Himmel miteinbezog, entstanden sehr geschlossene Bilder, auf denen die Blumen, die Landschaft und das dahinterliegende Meer immer eine Einheit bilden.

Celia Thaxters Haus wurde nach ihrem Tod bei einem Brand zerstört. Der Garten wurde später in seiner alten Form, wie sie ihn ursprünglich angelegt hatte, wiederhergestellt. Aber in einer einzigartigen Verbindung von Malerei und Poesie haben die Worte von Celia Thaxter und die impressionistischen Farben von Childe Hassam schon früher dafür Sorge getragen, daß dieser kleine, auf einer Insel draußen im Atlantik gelegene Garten alle Zeiten überdauern wird.

Childe Hassam war ein Maler des 19. Jahrhunderts, ein Künstler im Einklang mit den geistigen Strömungen seiner Zeit. Sein Tod im Jahr 1935 markierte das Ende der impressionistischen Malerei in Amerika.

Der kleine Garten auf Appledore Island vereinte und inspirierte Maler Hassam und Dichterin Thaxter. Obwohl beide Künstler schon lange tot sind, blühen Mädchenauge, Tausendgüldenkraut und viele andere Blumen von Jahr zu Jahr wieder.

Peter Paul

Rubens

(1577–1640)

Das Weihnachtsfest des Jahres 1630 markierte eine einschneidende Zäsur im Leben des flämischen Meisters Peter Paul Rubens. Er hatte den Entschluß gefaßt, der Politik den Rücken zu kehren, nachdem eine Reihe von diplomatischen Missionen in London, Paris und Brüssel erfolglos verlaufen war. Sein Auftragsbuch war so gut gefüllt, daß er für einen Zeitraum von zehn Jahren – den letzten seines Lebens – ausreichend beschäftigt war, und er genoß die positiven Seiten seines wachsenden Ruhms. Drei Wochen vor Weihnachten hatte er die junge Hélène Fourment geheiratet. Rubens zählte dreiundfünfzig Jahre. Hélène war so alt wie der älteste seiner beiden Söhne aus erster Ehe, der sechzehnjährige Albert. Hélène sollte ihm drei Kinder gebären und, so scheint es, ihn auch sehr glücklich machen. Er stellte seine junge Frau auf unzähligen Gemälden dar.

Rubens arbeitete viel und hart, führte dabei aber ein geregeltes Leben. Sein Tag begann sehr früh, und gleich nach der Messe ging er in die Werkstatt. Während er seine Pinsel präparierte, ließ er einen eigens zu diesem Zweck engagierten Vorleser aus den Werken der von ihm bevorzugten lateinischen Autoren rezitieren. Nach einem leichten Mittagessen malte er bis in den späten Nachmittag hinein, um anschließend, nach einem kleinen Spaziergang mit Hélène im Garten, einen Ausritt in die Umgebung zu unternehmen. Den Abschluß seines vergangenen Tages bildete sehr häufig ein gemeinsames Abendessen mit Freunden, bei dem man die Vorkommnisse des Tages erläuterte – seinen gesundheitlichen Zustand (Rubens litt an einer schweren Gichterkrankung), die astronomisch hohen Preise für Tulpenzwiebeln, die Sonderwünsche seiner Auftraggeber.

Das »Rubenshuis«, das 1946 unter Verwendung von historischen Baumaterialien originalgetreu restauriert wurde, liegt im Zentrum Antwerpens, am Wapper. Im 16. Jahrhundert war Antwerpen die reichste Stadt Nordeuropas, und ihre Parks, Gärten und Bürgerhäuser spiegelten den Wohlstand seiner flämischen Bewohner wider. Rubens' eigene kleine Barockresidenz, die er nach der Hochzeit mit seiner ersten Frau, Isabella Brant, gekauft hatte, verwies auf den Rang des Künstlers in einer wohlhabenden Gesellschaft. Die vielfältig dekorierte Fassade des Rubenshauses ist mit den Büsten antiker Philosophen und mit Fresken geschmückt, die Szenen aus dem Leben antiker Götter darstellen. Im Haus gab es einige bescheidene Wohn- und Schlafräume sowie eine halbkreisförmige Galerie, in der der Künstler nie eigene Werke ausstellte, sondern seine Kunstsammlung flämischer und italienischer Meister sowie seine wertvolle Antiquitätensammlung, die er gegen eigene Gemälde vom Herzog von Buckingham eingetauscht hatte. Parallel zum Haus lag das Ateliergebäude, das, so geräumig es auch war, nie die gleichzeitige Arbeit an mehr als drei Projekten zuließ. Wenn der Raum vom geschäftigen Treiben einer stark florierenden Werkstatt erfüllt war, konnte sich Rubens zurückziehen in den großen quadratischen Hof und den Blumengarten, die zwischen Haus und Werkstatt lagen.

*Auf seinem Selbstportrait (oben) erfaßt Peter Paul Rubens den Betrachter mit seinem durchdringenden Blick. Im Jahr 1630 heiratete der dreiundfünfzig Jahre alte Maler die sechzehnjährige Hélène Fourment. Die Familie bezog das »Rubenshuis« im Zentrum von Antwerpen (links). Das Haus ist heute ein öffentliches Museum; in seiner Gartenanlage aus dem 17. Jahrhundert wachsen Fingerhut, Gartenraute, Eisenhut (*Aconitum*) und Lichtnelke (*Lychnis coronaria*).*

CARIOR EST ILLIS HOMO QUAM SIBI

Schon im Jahr 1621 hatte der Künstler sowohl Haus als auch Grundstück umgebaut und seinen speziellen Vorstellungen angepaßt. Er errichtete einen kunstvollen Portikus, um eine architektonische Verbindung zwischen Wohnhaus und Werkstatt herzustellen und um dem Garten und dem Hof einen pittoresken Rahmen zu geben. Der Portikus, der durch drei weitgespannte Bögen den Blick in den Garten freigibt, wurde möglicherweise von Rubens selbst entworfen; sicher ist, daß er sich an dem Bauwerk erfreute, denn in seinen späteren Werken hat er den Portikus mit dem davorliegenden Garten mehrmals dargestellt. Der Garten, unterteilt in vier kleinere, im französischen Stil organisierte Teilflächen, war von niederen, feinsäuberlich geschnittenen Hecken umgeben. Die gepflegte Anlage war streng symmetrisch gegliedert und mit den zu jener Zeit populären Pflanzen bestückt, unter welchen sich seit dem Jahr 1630 vielleicht auch die beliebteste Blume des Landes, die Tulpe, befand. Seit demselben Jahr spiegeln die Bilder Rubens' in zunehmendem Maß seinen veränderten Lebensstil wider. Er war mittlerweile als Bürger seiner Stadt etabliert und erntete die Früchte seiner außergewöhnlichen Vergangenheit als Gelehrter, Sprachkundiger, Diplomat und Maler.

Peter Paul Rubens war der festen Meinung, er sei 1577 in Köln geboren worden. Seine Eltern, Jan und Maria Rubens, hatten ihren Sohn offensichtlich nicht darüber aufgeklärt, daß er infolge einer unglücklichen Affäre seines Vaters, eines Juristen, in der westfälischen Stadt Siegen das Licht der Welt erblickt hatte. Aus religiösen Gründen in ihrer Heimatstadt Antwerpen verfolgt, floh die Familie nach Köln, wo Jan Rubens zum juristischen Berater von Anna von Sachsen wurde, der Frau des Prinzen von Oranien. Nachdem aber der Berater zum Liebhaber und dieser Skandal öffentlich bekanntgeworden war, wurde Jan Rubens eingekerkert, und nur die ausdrückliche Fürsprache seiner Frau rettete ihn vor der sicheren Todesstrafe. Die Familie wurde nach Siegen verbannt, wo Maria Rubens zwei Kinder zur Welt brachte; Peter Paul war ihr jüngstes. Nach dem Tod des Vaters kehrte die Familie nach Antwerpen zurück. Die politischen Unruhen dort hatten sich gelegt, und für die Stadt begann nun eine Phase der Stabilität und des Friedens.

Rubens besuchte die örtliche Lateinschule, wo er unter der Anleitung seines Lehrers für alte Sprachen die klassischen Autoren kennen und lieben lernte. Antwerpen war eine Stadt, die ihre Künstler zu schätzen wußte, und Rubens konnte sich allem Anschein nach problem-

Rubens, der nicht nur Maler, sondern auch Gelehrter, Sprachkundiger und Diplomat war, hat vielleicht auch den großartigen barocken Portikus (links) entworfen, der eine Verbindung zwischen Wohnhaus und Werkstatt herstellt und auf vielen seiner Gemälde zu erkennen ist.

los zu einem solchen ausbilden lassen; im Alter von einundzwanzig Jahren war er ein qualifizierter, technisch perfekt ausgebildeter Künstler.

Zwei Jahre später brach Rubens, neue Anregungen und Eindrücke herbeisehnend, nach Italien auf. Er wurde Hofmaler am Palast des Herzogs von Mantua, neben solchen Berühmtheiten wie dem Komponisten Claudio Monteverdi und dem Naturwissenschaftler Galileo Galilei. Er lernte die Reichtümer der italienischen Kultur kennen, ihre Villen, die Gärten und die Kunst und, was besonders wichtig für ihn war, das Werks Tizians, der, wie Rubens rühmte, der Malerei erst »ihr Parfum« verlieh. Als er die Werke Tizians und anderer venezianischer Meister kopierte, um ihre Technik zu verstehen und die eigene zu vervollkommnen, erregte dieser hochgelehrte und vor allem weltläufige junge Maler die Aufmerksamkeit seines Mäzens, des Herzogs. Rubens, der neben Niederländisch und Italienisch auch Französisch und Lateinisch fließend sprach, wurde für vertrauenswürdig genug gehalten, um in Rom und später in Madrid als Diplomat die Interessen seines Herzogs zu vertreten. Der Maler beeindruckte seine Gastgeber, wo auch immer er auftrat; als er an den Spanischen Hof reiste, um dem König, Philipp III., einige Gemälde als Geschenk zu überbringen, stellte sich bei seiner Ankunft heraus, daß die Bilder beim Transport beschädigt worden waren. Rubens, ein Meister seines Faches, restaurierte die Fehlstellen unverzüglich, was ihm sofort mehrere gut bezahlte Aufträge des Königs einbrachte.

Im Jahr 1608 reiste Rubens, als er von dem sich verschlechternden Gesundheitszustand seiner Mutter erfuhr, zurück nach Antwerpen. Sie starb, bevor er seine Heimatstadt erreichte, worauf Rubens, entgegen seinen ursprünglichen Plänen, in Antwerpen blieb. Im Alter von einunddreißig Jahren war Rubens endgültig erwachsen geworden. Er nahm die Ernennung zum Hofmaler des spanischen Statthalters der Niederlande an, eine Position, die er sein Leben lang behalten sollte, und konzentrierte sich von nun an für die nächsten zweiunddreißig Jahre auf sein Werk, das ihn zu einem der bedeutendsten Maler Europas machen sollte.

Unter der Fülle von Blumen, die auf dieser Darstellung von Flora und Zephir zu sehen sind, befinden sich Schneeglöckchen, Schöllkraut, Primeln, Glockenblumen, Geißblatt, Lilien, Iris, Nelken, Kaiserkrone und, besonders hervorgehoben, die exotische Tulpe. Diese damals neuartige Blume (oben) sorgte für Aufregung im ganzen Land, und auch Rubens war ihr verfallen.

Im Jahr 1609 heiratete er Isabella Brant, die Tochter seines treuen Freundes Johannes Brant und eine Frau, die, wie er sagte, »keinen einzigen der für ihr Geschlecht sonst so typischen Fehler aufwies«. Er richtete sich im Haus seines Schwiegervaters eine Werkstätte ein und begann mit der Arbeit an seinen vielen Aufträgen. Als Isabella 1626 starb, brach eine Welt für ihn zusammen, und der Maler verließ Antwerpen, um wieder als Diplomat nach Frankreich, Spanien und England zu gehen. Oftmals jedoch überzeugte er in diesen Ländern mehr als Maler denn als Politiker. Weitere Auszeichnungen und Aufträge von Königshöfen folgten. In Madrid schloß er Freundschaft mit dem jungen, berühmten Maler Diego Velázquez und rang erfolgreich um die Ehre, dem Meister Modell stehen zu dürfen; Karl I. von England schlug ihn zum Ritter und beauftragte ihn mit einer Serie von Deckengemälden für den Speisesaal von Whitehall Palace; in Frankreich wurde seinen Gemälde für das Palais du Luxembourg die Anerkennung zuteil, sie hätten der Malerei des Landes neue Wege gewiesen. *Le Dieu est là* – Gott ist hier –, schrieb ein Kritiker.

Rubens' Italophilie erfüllte seine Gemälde mit Licht und inspirierte ihn dazu, sein häusliches Umfeld völlig neu zu gestalten. 1616, zehn Jahre vor Isabellas Tod, hatte er mit den Arbeiten an seinem Haus am Wapper begonnen und nach einer Bauzeit von nur fünf Jahren war sein italienisch anmutender Palazzo vollendet – während eines Aufenthalts in Genua hatte er ein Faible entwickelt für die kleinen, vornehmen Genueser Palazzi mit ihren Stuckornamenten und ihren Wandgemälden, ihren Terrassen, Innenhöfen und Gärten, die angefüllt waren mit Skulpturen, Vasen, Brunnen und Pflanzen in Terrakottatöpfen.

Als Rubens seine Werkstatt am Wapper begründete, nahm er sich italienische *bottege* zum Vorbild, in welchen allein der Meister schöpferisch tätig war, während seine Schüler und Gesellen eifrig kopierten. Machte sich nun dieser Malbetrieb an die Ausführung eines Auftrags, so verfertigte Rubens zunächst einige großzügig hingeworfene Federzeichnungen, die er manchmal nachträglich lavierte, wobei er detaillierte Angaben hinsichtlich der Lichtverhältnisse und der Farbgebung hinzufügte. Dem Kunden wurde dann eine auf diesen Anfangsskizzen basierende Farbskizze in Öl gezeigt, zusammen mit einigen anatomischen Kreidestudien aus dem Depot der Werkstatt. Akzeptierte der Kunde die Vorschläge, so machten sich Rubens und seine Schüler unverzüglich an die Fertigstellung des Gemäldes. Rubens' eigene Beteiligung an

den Arbeiten hing vom Auftragswert ab. Der Einfluß des Meisters auf seine Schüler ging so weit, daß es auf einigen Gemälden unmöglich ist, eine Handschrift von der anderen zu unterscheiden.

Ähnlich verfuhr Rubens möglicherweise, als er seinen Garten plante und die Pflanzen auswählte. Wahrscheinlich hat er seine Ideen auf ein Blatt Papier gebracht, die spätere Ausführung jedoch anderen überlassen. Obwohl ein reiner Ziergarten im Antwerpen des 16. Jahrhunderts meistens für weniger wichtig als ein Kräuter- und Küchengarten erachtet wurde, gab es doch eine vom Brüsseler Hof ausgehende Mode für symmetrische, von Hecken umschlossene Gärten mit lauschigen Lauben in ihrem Zentrum. Aber gegen Ende des Jahrhunderts und später, als die ersten Spatenstiche im Garten des Rubenshauses unternommen wurden, blies ein frischer Wind aus Italien durch die gepflegten flämischen Gärten. Nach italienischem Vorbild wurden als Statussymbole gedachte Ziergärten unmittelbar an die Architektur des Hauses angeschlossen und nicht mehr wie separate Einheiten behandelt. Die Ebenen Flanderns ließen zwar den Bau terrassenförmig angelegter Gärten nicht zu, aber dennoch übernahmen die flämischen Gartenarchitekten geradezu mit Beg eisterung die komplizierten geometrischen Grundmuster, Lauben, die wie eine grüne Loggia nach einer Seite hin offen waren, plätschernde Brunnen und Büsche, denen man oft die Gestalt von Fabelwesen gab. Mit gleicher Begeisterung führte man neue Pflanzen ein, etwa den Flieder oder die berühmte Tulpe.

Das Gemälde »Liebesgarten« (oben) spielt mit der mittelalterlichen Vorstellung des Gartens als Symbol für Liebe und Fruchtbarkeit. Rubens übernahm dafür Elemente seines eigenen, für die damalige Zeit hochmodernen Gartens (rechts) mit seinen gestutzten Eibenhecken und in Kübeln gezogenen Zitronenbäumen.

Im Jahr 1630 begann die letzte Schaffensphase im Leben des Peter Paul Rubens. Es war dies eine Zeit, in der sein Familienleben, seine junge Frau und sein Haus mit dem schönen Garten eine große Stütze für ihn waren. Während dieser Zeit malte er so hingebungsvolle Portraits wie »Rubens und seine zweite Frau im Garten«.

Das Bild zeigt ihn zusammen mit seiner Familie: Die Gruppe schreitet durch einen Garten auf einen barocken Portikus zu, im Hintergrund liegt ein Beet von Schwertlilien und Tulpen. Man schrieb das Jahr 1633; 1634 verfiel das Land in eine Tulpenmanie.

Ein europäischer Gesandter, der ein Jahrhundert zuvor die Türkei bereist hatte, stieß mit Staunen auf ein Meer becherförmiger Blumen in einem türkischen Garten. Er sammelte einige Exemplare dieser von den Türken *lalé* genannten Blume, um sie in seine Heimatstadt Wien mitzunehmen. Aber durch ein Mißverständnis im Gespräch mit seinem einheimischen Begleiter reiste der Gesandte mit dem Wort *tulip* im Kopf zurück – der türkische Begleiter hatte die Form der *lalé* mit der seines Turbans, der auf türkisch *tulipand* heißt, verglichen. So war der Name für diese unverwechselbare Blume geboren, und Europa sollte ihr bald darauf verfallen. Der berühmte flämische Botaniker Charles de L'Écluse, »der Vater aller schönen Gärten«, wie ihn ein Bewunderer nannte, hatte exotische Zwiebel- und Knollengewächse erfolgreich in die Gärten Nordeuropas eingeführt, darunter Narzissen, Hyazinthen, die elegante Kaiserkrone *(Fritillaria imperialis)*, und die zarte Anemone. Er ließ sich Tulpenzwiebeln vom österreichischen Botschafter kommen, und als er sie züchtete, fiel ihm die Eigenart der Tulpe auf, geflammte Färbungen zu entwickeln. Mit der Veröffentlichung dieser Entdeckungen legte er den Grundstein für die moderne niederländische Tulpenindustrie und machte darüber hinaus diese außergewöhnlich schöne Blume einem größeren Kreis von Gartenfreunden in ganz Europa bekannt. Vier Jahre lang sollte nun die Tulpe mit ihren aufregenden Farben die interessierte Öffentlichkeit in Atem halten: Ganze Vermögen wurden auf bestimmte Sorten gesetzt (und ganze Familien ruinierten sich durch übereilte Spekulationen), und die prächtigen, im Wind sich wiegenden Blütenbecher fanden Eingang in Rubens' Stadtgarten und in seine Gemälde.

In seinen letzten Lebensjahren waren Rubens' Hände, wie die Renoirs, von Gichtknoten verkrüppelt, und obwohl sein Pinselstrich dadurch beeinträchtigt war, fuhr er fort zu malen. Der beinahe impressionistische Effekt, den manche seiner späten Bilder aufweisen, entstand durch die unsichere Hand des kranken Künstlers. Als Rubens im Jahr 1640 starb, verließ der Diplomat, Gelehrte und Maler die Welt und seinen Garten voller Tulpen als zufriedener Mann. Er war, sagte ein Freund, »geboren worden, um die Menschen mit allen seinen Taten zu erfreuen und glücklich zu machen«.

Antwerpen hält das Andenken an seinen berühmtesten Sohn, Rubens, an vielen Punkten der Stadt lebendig.

Im Nachtegalenpark benannte man einen Garten ihm zu Ehren »Hortus Rubensiana«.

Paul

Cézanne

(1839–1906)

Seine letzten Lebensjahre verbrachte der immer noch unermüdlich arbeitende Maler Paul Cézanne in seinem Haus am Chemin des Lauves in Aix-en-Provence in Südfrankreich. Der sechzig Jahre alte Mann mit dem weißen Bart und dem stechenden Blick verließ das Haus jeden Morgen, gekleidet in einen schäbigen dunklen Anzug mit Weste, unter einen Arm eine kleine Staffelei geklemmt, unter den anderen ein Stück Leinwand. Vielleicht blieb er für einen Moment auf der aus rauhem provenzalischem Stein gehauenen Treppe stehen, die hinunterführte zu der mit weißem Kies bedeckten Gartenterrasse. Hinter ihm umrankte ein alter, Früchte tragender Feigenbaum die Eingangstür, und wild wuchernde Kletterpflanzen rankten an der Hauswand nach oben bis zu den gezimmerten, ockerfarbenen Läden und den blaßblauen Fensterscheiben; vor ihm, im gesprenkelten Schatten eines alten Judasbaums *(Cercis siliquastrum)*, lag das bunte Durcheinander von Terrakottatöpfen und Steintrögen, in denen Grünlilien *(Chlorophytum comosum)*, silbern panagiertes Solitärgras und stark duftende Pelargonien üppig gediehen.

Meistens lenkte Paul Cézanne seine Schritte in die umliegende Landschaft, wo er zu malen pflegte, bis ihn die Hitze und der Dunst der Mittagsstunde zwangen, nach Hause zurückzukehren. Während die anderen Bewohner der Stadt ihre Fensterläden schlossen und sich zur Mittagsruhe zurückzogen, setzte sich Cézanne auf seine Terrasse. Dort im Schatten arbeitete er unermüdlich weiter, verfertigte Aquarellskizzen oder Farbskizzen in Öl als Vorstudien für seine privaten Gartenszenen – eine Pelargonie in ihrem Terrakottatopf oder das komplizierte Geflecht der Kletterpflanzen an der Außenmauer seines Ateliers. Ganz im Gegensatz zu seinen Ölgemälden, an denen er meist monatelang arbeitete, fiel an diesen schnell hingeworfenen Farbskizzen die Leichtigkeit und Lebendigkeit des Pinselstrichs auf. Später am Nachmittag, wenn es draußen kühler wurde und das Licht wieder klarer, kehrte Cézanne zurück zu seinen so beliebten, unverwechselbaren Landschaftsszenen, um erst bei Einbruch der Dunkelheit das Tagwerk zu beschließen und sich auf den Nachhauseweg zu machen.

Während der Arbeit an seinem Selbstportrait (oben), in den Jahren 1877 bis 1880, hatte Cézanne immer noch Mühe, sich einen Namen in Paris zu machen. Mehr als zwanzig Jahre später, als die Kunstwelt sein Genie endlich anerkannte, hatte er sich in die Abgeschiedenheit seines Heims in der Provence zurückgezogen (links).

Paul Cézanne, der das Malen autodidaktisch erlernt hatte, brachte in der Abgeschiedenheit der Provence Bilder hervor, die entscheidenden Einfluß auf die Kunst des 20. Jahrhunderts haben sollten. Er war der Wegbereiter neuer Strömungen innerhalb der Kunst: Den Kubismus mit seinen Hauptvertretern Pablo Picasso und Georges Braque und den Fauvismus, dessen bedeutendster Maler Henri Matisse war, hätte es ohne seine Vorarbeit nicht gegeben. Was ihn aber inspirierte, wie so viele Künstler vor ihm und nach ihm, war sein Garten und die darin verborgene Welt der Natur. »Die Kunst muß die Natur in unserer Vorstellungswelt verewigen«, schrieb er einmal. »Was liegt hinter der Natur? Vielleicht nichts. Vielleicht alles.« Cézanne fühlte sich tief verbunden mit seiner Provence, ihren felsigen Hügeln und Weinbergen, ihren knorrigen Steineichen und Korkeichen, ihren Zypressenwäldchen und Olivenbäumen. Mit den Augen Cézannes betrachtet, vermittelte diese ausgedörrte Landschaft den Eindruck von Zähigkeit, Solidität und Dauerhaftigkeit. Jedes Blatt, jeder Baum, jeder Hügel zeigte

»Die Natur verursacht mir die größten Schwierigkeiten«, äußerte er gegenüber seinem Jugendfreund Émile Zola, dem großen Romancier. Er mühte sich wochenlang mit einem Gemälde ab, wie zum Beispiel dem Bild »Bäume und Häuser« (oben). Trotz seiner Sorgfalt wollte sich der künstlerische Erfolg nicht einstellen.

sich scharf umrissen vom kristallklaren Licht des Vormittags, und der tiefblaue Himmel ließ die satten Farben noch intensiver leuchten. »Die Gegenstände sind nicht nur schwarz und weiß konturiert, sondern auch blau, rot, braun und violett.«

In seiner Jugend jedoch wußte Cézanne den außergewöhnlichen Charakter der Provence nicht zu schätzen. Sein ganzes Sinnen und Trachten war darauf gerichtet, in die Künstlerszene der Hauptstadt Paris einzutauchen und Gleichgesinnte zu treffen.

Er wurde 1839 in Aix-en-Provence als ältestes von drei Kindern eines wohlhabenden Geschäftsmanns geboren. Während seiner Schulzeit schloß er Freundschaft mit dem späteren Romancier Émile Zola und entwickelte ein ausgeprägtes Interesse für Kunst und Literatur. Idyllische Nachmittage am Fluß boten ihm ausreichend Zeit, um zu schwimmen, Fische zu fangen und Gedichte zu schreiben. Aus dieser sorglosen Zeit schöpfte der Maler später, als er seine Serie der »Badenden« schuf. Trotz seiner zunehmenden Leidenschaft für die Kunst mußte Cézanne 1859 auf Geheiß seines Vaters ein Jurastudium aufnehmen. Zwei unglückliche Jahre lang vernachlässigte er die akademische Arbeit und umrahmte die Gesetzestexte mit Bleistiftskizzen und Versen, bis er schließlich seinen Vater davon überzeugen konnte, daß er einen besseren Künstler als einen Rechtsanwalt abgeben würde. Mit dem grollenden Segen seines Vaters und einer kleinen Summe für seinen Unterhalt machte sich Paul Cézanne 1861 überglücklich auf den Weg nach Paris, um dort Malerei zu studieren.

Obwohl er nun in der Stadt seiner Träume angelangt und mit seinem Jugendfreund Émile Zola wiedervereint war, mußte er doch auch eine Reihe von unangenehmen Rückschlägen einstecken. Die renommierte École des Beaux Arts ließ ihn nicht als Student zu, und der akademische Pariser Salon weigerte sich, seine Bilder bei den Jahresausstellungen zu zeigen. Mit seinem harten provenzalischen Akzent und seiner unordentlichen Kleidung erwarb der junge Maler aus der Provinz sehr schnell den Ruf eines bäuerlichen Sonderlings, der in den schicken Kreisen in Paris nicht gern gesehen wurde. Voller Verzweiflung kehrte Paul Cézanne nach Aix-en-Provence zurück und verbrachte zwei fruchtlose Jahre in der Bank seines Vaters, bevor es ihn doch wieder nach Paris trieb, wo er an Kursen für Freilichtmalerei teilnahm.

Nach und nach lernte er die aufstrebenden impressionistischen Maler kennen, und Männer wie Claude Monet, Pierre Auguste Renoir, Camille Pissarro und Alfred Sisley sollten seinem Leben eine neue Richtung geben. Nicht daß er sich über ein ereignisloses Leben hätte beklagen können: Unter den Frauen, die in seinen Kursen Modell standen, befand sich eine junge Buchhalterin, Hortense Fiquet. Sie konnte Cézannes Begeisterung für die Malerei nicht teilen, willigte aber gleichwohl ein, für einige seiner Bilder Modell zu stehen. Da Cézanne sehr sorgfältig und strukturiert arbeitete und von seinem Modell über Stunden absolute Regungslosigkeit verlangte, waren die Sitzungen langwierig und hart. Trotzdem wurden Cézanne und Hortense Fiquet ein Paar und bekamen auch einen gemeinsamen Sohn, den Cézanne abgöttisch liebte. Aus Angst vor der Mißbilligung seines Vaters hielt Cézanne sein Zusammenleben mit Hortense und Sohn Paul acht Jahre lang vor seiner Familie in Aix geheim. Seine Befürchtungen stellten sich als nicht grundlos heraus; denn nachdem das Gerede über die Liaison schließlich bis zu seinem Vater durchgedrungen war, kürzte dieser prompt seine Unterhaltszahlungen auf die Hälfte.

Der Künstler, dessen Gemälde eines Tages für unvorstellbare Summen ihren Besitzer wechseln sollten, stieß mit seiner Arbeit immer noch auf verächtliche Reaktionen. Die auf der bahnbrechenden Impressionistenausstellung des Jahres 1874 gezeigten Bilder, darunter auch einige von Cézanne, wurden von der Kunstwelt schlichtweg abgelehnt. Ein Kritiker bemerkte, die Bilder sähen aus, als habe jemand »Farbgeschosse auf die Leinwand abgefeuert«. Édouard Manet, einer der Väter des Impressionismus und ein Maler, der sich noch kurz zuvor lobend über Cézannes Stilleben geäußert hatte, verglich ihn jetzt mit einem »Maurer, der die Farbe wie mit der Kelle aufträgt«. Cézanne verbitterte in zunehmendem Maße angesichts der mangelnden Anerkennung und der Spötteleien seiner Freunde. Als Zola ihn in seinem Roman *Das Werk* aus dem Rougon-Macquart-Zyklus als alten Maler darstellte, dessen beste Zeit vorbei ist, kündigte Cézanne ihm die Freundschaft.

Der Künstler malte hartnäckig weiter, an seiner Seite nur Pissarro, der ihn ermunterte. Pissarro war neun Jahre älter als Cézanne und instruierte ihn, hart zu arbeiten, reine Farben zu verwenden und auf seinen Instinkt zu vertrauen. »Hab' keine Angst vor der Natur! Du mußt etwas riskieren, auch auf die Gefahr hin, zu irren und Fehler zu machen. Es gibt nur einen Lehrer: die Natur«, riet Pissarro Cézanne beim gemeinsamen Malen unter freiem Himmel. Allmählich, als sein Stil reifer wurde, wuchs auch Cézannes Selbstvertrauen. Er ging in die Provence zurück, malte Landschaftsbilder und schrieb schwärmerische Briefe an Pissarro über seine wiedergefundene Neigung für den Süden. Als Pissarro die in dieser Zeit entstandenen Bilder zu sehen bekam, war er sehr erstaunt vom Fortschritt seines hart arbeitenden Schülers und sagte voraus, daß Cézanne »die Kunstwelt eines Tages noch überraschen« werde.

Nach dem Tod seines Vaters kehrte Cézanne der Pariser Kunstszene den Rücken und zog sich zur Arbeit auf das Familiengut Jas de Bouffan (oben) zurück, wo einige seiner berühmtesten Bilder entstanden. »Ich lasse mich auf nichts ein, was ich nicht gesehen habe, und was ich male, existiert tatsächlich«, sagte er aller Kritik zum Trotz.

Cézannes Geschick wandte sich zum Guten, als im August des Jahres 1886 sein Vater starb und seinem siebenundvierzigjährigen Sohn ein beträchtliches Vermögen hinterließ. »Der Mann war ein Genie«, sagte Cézanne, »ich habe nun ein Einkommen von 25 000 Francs.« Mit dieser langersehnten Sicherheit im Rücken verließ Cézanne Paris für immer und ließ sich auf dem Familiengut Jas de Bouffan in Aix nieder, wo einige seiner berühmtesten Gemälde, darunter »Die Kartenspieler«, entstanden. Der Kritiker Gustave Geffroy bejubelte seine Bilder als »feurig und naiv, streng und feinfühlig« und prophezeite dem Maler: »Zu guter Letzt werden seine Bilder noch im Louvre hängen.« 1895 hatte Paul Cézanne eine eigene Ausstellung in Paris, und im Jahr 1900 wurden einige Gemälde auch in Deutschland und Belgien gezeigt. Seine Erbschaft und die Rückkehr in die Provence lösten aber nicht alle Probleme: Sogar in der friedvollen und stillen Abgeschiedenheit von Jas de Bouffan zermarterte er sich wegen eines einzigen Pinselstrichs stundenlang den Kopf, verwarf ein Gemälde wieder und wieder oder ließ es einfach unvollendet, wenn es seinen hohen Ansprüchen nicht genügte.

Das Familiengut vor den Toren der Stadt Aix-en-Provence war eine beständige Quelle der Inspiration für Cézanne, was Gemälde wie »Der See beim Jas de Bouffan« (oben) bezeugen.

Nach dem Tod seiner Mutter baute er sich ein eigenes Haus am Chemin des Lauves und legte auch einen eigenen, privaten Garten mit ruhigen, abgelegenen Winkeln an (gegenüber).

Im Jahr 1901, im Alter von sechzig Jahren und auf der Höhe seiner Kreativität, erwarb Cézanne ein steil abfallendes Stück Land am Chemin des Lauves in Aix. Das Familiengut Jas de Bouffan war zwei Jahre zuvor, nach dem Tod seiner Mutter, verkauft worden, und Cézanne konnte sich von dem Erlös ein neues Haus bauen. Der wichtigste Teil des Hauses war das Atelier, dessen Wand er mit einem drei Meter breiten Durchbruch versehen ließ, durch welchen er seine Gemälde nach draußen auf die Terrasse schieben konnte, um sie im Tageslicht besser beurteilen zu können.

Nach Vollendung der Bauarbeiten wandte sich Cézanne dem Garten zu. Das Grundstück war durch eine hohe Steinmauer vor neugierigen Blicken Fremder geschützt, und in dieser Zurückgezogenheit erschaffte sich Paul Cézanne sein kleines privates Paradies.

Für Cézanne wurde sein Haus und die umgebende Landschaft der Provence zum Fokus seiner Arbeit. Tagtäglich verließ der arbeitsame Künstler sein Haus, dessen Eingangstür von einem Feigenbaum und einem Judasbaum umrankt wird (oben), und zog los in Richtung des Mont Sainte-Victoire. In der Hitze der Mittagsstunde kehrte er zurück in seinen schattigen Garten (gegenüber).

Die meisten privaten Gärten des späten 19. Jahrhunderts waren mit ihrem kurzen Rasen und den bunten Blumenbeeten ordentlich und form. Die Früchte der Industriellen Revolution konnten auch die Gartenbesitzer ernten, denn diese hatte die Massenproduktion von Spaliergittern, von Gartenschläuchen aus Gummi und von Rasenmähern mit rotierenden Blättern ermöglicht. »Ein kräftiger Junge kann jede noch so große Grasfläche allein bewältigen«, pries der angloamerikanische Hersteller des Rasenmähermodells »Pony« sein Produkt an und versprach weiter, der Mäher sei für »ebenen und unebenen Untergrund in gleicher Weise geeignet«. Auch im Bereich der Pflanzen brach eine neue Ära an: Große, kommerzielle Gewächshäuser begannen, eine breite Auswahl von mehrjährigen Pflanzen zu züchten, und die Handelsreisenden der Großgärtnereien priesen den Kunden ihr vielfältiges botanisches Sortiment an.

Aber Cézanne lehnte, wie seine Freunde Renoir und Pissarro, die formvollendeten Vorortgärten der Mittelklasse ab und bevorzugte statt dessen einen ungezähmtem, verwilderten Garten. »Die Natur«, so schrieb er, »findet sich nicht an der Oberfläche; sie ist in den Tiefen. Farben sind der oberflächliche Ausdruck dieser Tiefe. Sie wachsen aus den Wurzeln der Welt. Sie bedeuten ihr Leben, das Leben von Ideen.« Sein Rasen wurde nicht gemäht, und die Stauden in seinen Rabatten durften über ihre Begrenzungen hinwegwuchern.

Vor kalten Nordwinden geschützt und unter dem günstigen Einfluß frostfreier Winter und eines früh einsetzenden Frühlings füllte sich sein Garten allmählich mit blühenden Bäumen und Beerensträuchern. Da gab es das strahlende Weiß der Roßkastanie und die rosafarbene Blüte des Judasbaums; Rabatten mit dem dunkelgrünen Japangras, im Schatten angelegte Beete mit weiß-, blau- und purpurrotblühenden Funkien. Er legte Wege an, die sich wie Tunnel durch das dichte Grün schlängelten – labyrinthische Pfade durch die waldigen Winkel des Gartens –, und Ruhestätten in Form von Steinbänken, die er hie und da an den gepflasterten Wegen plazierte. Hier konnte er sich niederlassen und den vom harzigen Aroma der Pinien unterlegten Duft von Falschem Jasmin, von Thymian und Rosmarin genießen. Der Frieden und die Ruhe des Ortes waren besonders wichtig für einen Künstler, der seinen Garten auch dazu brauchte, um über zeitweilig auftretende depressive Verstimmungen hinwegzukommen.

Während seiner Zeit im Haus am Chemin des Lauves distanzierte sich Cézanne immer mehr von den Impressionisten und ihrer, wie er es nannte, »sonntäglichen Feier des Augenblicks«. Statt dessen versuchte er, das unveränderliche Wesen der Natur festzuhalten. Bewußt verzichtete er auf persönliche oder zeitgenössische Bezüge in seinen Gemälden, so daß der Betrachter nur die »immerwährende Wahrheit hinter der Erscheinung« sah. Mont Sainte-Victoire, ganz in der Nähe von Aix-en-Provence, wurde zu seinem bevorzugten Sujet. Cézanne betrachtete den nicht sehr hohen Berg als eine der bemerkenswertesten Szenerien der Provence und malte ihn mehr als hundert Mal, auf Ölgemälden wie auf Aquarellen. »Ich gehe sehr langsam vor«, schrieb er, »denn die Natur enthüllt sich mir in äußerst komplexer Form, und eine ständige Weiterentwicklung der künstlerischen Möglichkeiten ist unerläßlich. Man muß sich mit Würde und Kraft ausdrücken.«

1906, vier Jahre nachdem er sein Haus in Aix-en-Provence bezogen hatte, geriet Paul Cézanne auf einem seiner Malausflüge in ein Unwetter. Eine Woche später starb er an einer Lungenentzündung. Im folgenden Jahr veranstaltete der akademische Pariser Salon, der die Bilder Cézannes zu dessen Lebzeiten beharrlich abgewiesen hatte, eine umfangreiche Retrospektive seines Werks. Sie wurde ein beispielloser Erfolg.

Joaquín

Sorolla

(1863–1923)

Um die Jahrhundertwende war Joaquín Sorolla y Bastida ein stadtbekannter Mann in Madrid. Er war der Künstler, dessen Ausstellung in New York im Jahr 1909 täglich 5 000 Besucher in ihren Bann schlug, und wurde als der neue Impressionist Spaniens gefeiert. Im Alter von nicht einmal fünfzig Jahren schien er dazu auserwählt zu sein, neben so berühmten Namen wie Goya und Velázquez in die Kunstgeschichte seines Landes einzugehen. Der vielbeschäftigte und gefragte Maler, von allen Seiten mit Aufträgen überhäuft, arbeitete konzentriert und zügig – in einem Zeitraum von nur vier Jahren schuf er mehr als 500 seiner lichten Bilder.

Sein Garten in Madrid, ein von Mauern umschlossener Patio, diente als Rückzugsstätte und Freiluftatelier zugleich, und da Sorolla es vorzog, en plein air zu malen, verbrachte er viele Stunden des Tages dort. Am frühen Vormittag, ehe die Sonne zu heiß wurde, stellte er seine Staffelei auf den gefliesten Gartenboden, neben die ockerfarbenen Mauern seines Ateliers. Später dann, wenn die Sonne mit voller Kraft in den Garten schien, konnte er sich zurückziehen hinter die Kolonnaden eines Laubengangs, um dort, umgeben von Rosen und Glyzinien, im duftigen Schatten weiterzumalen. Abends sichtete er noch einmal sein Tageswerk, auf einer kühlen Steinbank sitzend, umgeben vom regelmäßigen, beruhigenden Plätschern der Brunnen und vom Zwitschern der Vögel in den Myrtenbäumen.

Sorolla schuf seinen im Stil der Zeit gehaltenen Garten mit den vielen duftenden Pflanzen und Brunnen ungefähr im Jahr 1912, aber in ihren Grundzügen reicht die Anlage weit zurück in die Vergangenheit Spaniens, bis in die Zeit der Mauren. Diese drangen 711 von Nordafrika her in die Iberische Halbinsel ein und blieben dort, bis sie während der großen Reconquista von den verbündeten christlichen Heeren geschlagen und aus Spanien vertrieben wurden. 1492 übergab der Nasride Boabdil, als Mohammed VII. letzter maurischer König von Granada, die Schlüssel der Stadt und zog mit seinem Gefolge über einen Gebirgspaß ab, der seitdem unter dem Namen »El Ultimo Suspiro del Moro« bekannt ist, der letzte Seufzer des Mauren. Der Legende zufolge soll Nasride Boabdils Mutter ihn mit den Worten gescholten haben: »Weine nur wie ein Weib über das, was du wie ein Mann zu verteidigen versäumt hast.« Aber auch auf christlicher Seite trauerte man der Vergangenheit nach: Über einen Zeitraum von sechs Jahrhunderten hatte die kulturell hochentwickelte muslimische Herrschaft den Bewohnern der andalusischen Städte Cádiz, Málaga, Sevilla, Córdoba und Granada ein Leben in Wohlstand und Frieden garantiert.

Die Gemälde des spanischen Malers Joaquín Sorolla sind unmittelbar vom Impressionismus beeinflußt. Als Sorolla jedoch seinen Garten anlegte (links), jene kühle, grüne Oase inmitten der heißen Straßen Madrids, orientierte er sich an der Tradition der maurischen Vergangenheit seines Landes.

Die Mauren waren ein tiefreligiöses Wüstenvolk, fatalistisch, nachdenklich und von dem Wunsch beseelt, die islamische Vorstellung von einem Paradies auf Erden Wirklichkeit werden zu lassen. Wasser, Schatten, Palmen und Granatapfelbäume bestimmten diese Sehnsucht. Sie bauten Häuser und Gärten, die ebenso leicht und geräumig wie elegant waren. Ihre Paläste schmückten sie mit komplizierten Stuckarbeiten aus, die wie Stein gewordene weiße Spitze an Decken und Wänden entlangliefen; als Willkommensgruß und als altes islamisches Symbol der Gastfreundschaft reichten sie ihren Gästen die Hand der anmutigen Fatima und erbauten für kleine Zitrushaine in ihren weltabgewandten Innenhöfen klug erdachte Bewässerungssysteme. Nach Boabdils Vertreibung waren viele der muslimischen Handwerker unter ihren neuen christlichen Herren im Land geblieben. Sie verbreiteten die traditionelle Vorstellung vom islamischen Paradiesgarten, und bald hatte jedes Bauernhaus und jede herrschaftliche Villa einen maurischen Garten. Im Lauf der Zeit wuchs der Stellenwert der Gärten immer mehr, während die gepflasterten Bereiche der Patios unbeachtet von ihren Besitzern vor sich hindämmerten. Die Gärten dagegen quollen über von Bougainvillea, Jasmin und dem süß-herben Duft der Orangenblüten; riesige Weinfässer aus Ton, die *tinajas*, waren mit Blumen bepflanzt, und die Seitenwände der in den Boden eingelassenen Beete waren bunt bemalt und mit Stuck verziert. Als Joaquín Sorolla sich daran machte, seinen eigenen irdischen Paradiesgarten anzulegen, waren es solche Details, die den erfolgreichen Künstler inspirierten.

Sorolla war kein geborener *madrileño*. Er kam im Februar 1863 in Valencia zur Welt, als Kind der sonnendurchfluteten, fruchtbaren Ebene, durch die der Turia seine Fluten in Richtung Mittelmeer wälzt. Sorolla, der im Alter von zwei Jahren Vollwaise geworden war, wuchs bei seiner Tante und seinem Onkel auf. Seine Pflegeeltern erkannten die besondere künstlerische Begabung ihres Zöglings sehr schnell. Im Alter von erst fünfzehn Jahren studierte er an der Akademie der Schönen Künste in Valencia, bekam auch sehr bald diverse Preise zuerkannt und fand Unterstützung durch einen Mäzen. Somit konnte er, ausgestattet mit einer nicht unbeträchtlichen Geldsumme, Valencia endlich verlassen und nach Madrid gehen. Im Prado studierte er die spanischen Meister, hauptsächlich Diego Velázquez und José Ribera, der ebenfalls aus Valencia stammte.

Sorolla war überzeugt davon, daß Naturalismus und Licht der Schlüssel für die Kunst des 20. Jahrhunderts seien. Das Glitzern und die Leichtigkeit, die er den Gemälden seines eigenen Gartens verlieh (oben), brachten ihm Anerkennung und Ruhm ein.

Sorolla war ein junger Mann, gerade Anfang Zwanzig, als er sein Historienbild mit dem Titel »Der 2. Mai« für die Madrider Kunstausstellung des Jahres 1884 einreichte. Mit seiner Darstellung des tapferen, aber zum Scheitern verurteilten Angriffs der edlen Spanier gegen die französischen Invasoren im Jahr 1808 traf er den Nerv der Zeit, fand die Anerkennung der Kritiker und bekam weitere Preise. Für die Stadt Valencia war das der Anlaß, ihm mittels eines großzügigen Reisestipendiums das Studium der italienischen Meister in Rom zu ermöglichen. Für Sorolla war das auch die Gelegenheit, den modernen Malstil seiner Zeit, den Impressionismus kennenzulernen.

Es war gerade ein Jahrzehnt vergangen, seit die Kritiker die erste Ausstellung der impressionistischen Künstlergruppe in Paris diffamiert hatten; jetzt hatte die neue Bewegung an Boden gewonnen, und es sollte nicht lange dauern, bis sie den Malstil der Zeit maßgeblich bestimmte. Sorolla war fasziniert vom Impressionismus. Er reiste nach Paris, um die bahnbrechenden Gemälde im Original betrachten zu können, und kehrte mit der Überzeugung nach Spanien zurück, daß der Naturalismus und das Licht den Schlüssel zur Kunst der Zukunft lieferten.

Sorolla war als Realist davon überzeugt, daß der Künstler seine Themen im alltäglichen Leben suchen müßte, und als Bewohner der Stadt Valencia hatte er ausreichend Motive zur Verfügung. Tagsüber war seine Stadt erfüllt vom gleißenden Licht des Mittelmeers; nachts, während des alljährlich im März stattfindenden Fallas-Festivals, wurde die Stadt von Freudenfeuern erleuchtet, bei denen riesige Figuren aus Pappmaché verbrannt wurden. Die Region um Valencia war die am dichtesten besiedelte Agrarregion Spaniens. Südlich der Stadt erstreckten sich die Reisfelder von La Albufera; das fruchtbare, La Huerta genannte Hinterland wurde mit-

tels eines Kanalsystems bewässert, das die Römer angelegt und die Mauren perfektioniert hatten. Überall in diesem reichen Landstrich bestellten die Bauern und ihre Familien die Felder. Reis, Johannisbrot, Mandeln, Oliven, Trauben, Datteln, Orangen und Zitronen gab es in Hülle und Fülle. Sorolla hat sie in seinen Bildern festgehalten. Aber die tiefsten Eindrücke gewann Sorolla an der Costa del Azahar, der Küste der Orangenblüten, wo das Mittelmeer im Sonnenlicht glitzerte und die eleganten Madrilenen, gekleidet in weiße Leinen- und Baumwollanzüge, im Schatten ihrer Sonnenschirme promenierten, um zu sehen und gesehen zu werden.

Nach seiner Rückkehr aus Italien im Jahr 1889 siedelte Sorolla mit seiner Familie (er hatte die Tochter seines Mäzens geheiratet) nach Madrid über. Seine Gemälde waren mittlerweile in Ausstellungen in Madrid und Paris zu sehen. Angesichts seiner Bilder sah sich ein Kritiker zu der Bemerkung veranlaßt: »Was wir hier sehen, ist zwar kein Impressionismus, aber dennoch zutiefst beeindruckend.« Zu internationalem Ansehen verhalfen ihm seine Darstellungen des Alltagslebens in

Joaquín Sorollas zunehmender Ruhm ermöglichte es ihm, einen perfekten Stadtgarten im Herzen von Madrid anzulegen (oben). Das Haus war 1911 fertiggestellt worden, der schattige Garten mit seinen Zitrusbäumen und Palmen, Kübeln mit Zyklamen und Schusterpalmen erst zwei Jahre später.

Valencia, seine Portraits (u. a. malte er den spanischen König, den amerikanischen Präsidenten William Howard Taft und das Society-Mitglied Louis Comfort Tiffany) und in ganz besonderem Maße das Licht Valencias, das viele in seinen Gemälden wiederzuerkennen meinten. Im Verlauf von zwanzig Jahren hatte Sorolla sein Werk in München, Wien und London gezeigt. In London wurde Archer Milton Huntingdon auf ihn aufmerksam, der Gründer der erst kurz zuvor ins Leben gerufenen Hispanischen Gesellschaft von Amerika. Er organisierte Ausstellungen in New York, Boston, Buffalo, Chicago und Saint Louis, so daß Sorollas ohnehin stetig wachsender Bekanntheitsgrad auch in den Vereinigten Staaten und Südamerika noch weiter zunahm.

Ungefähr zu dieser Zeit beschäftigte sich Sorolla mit den Plänen für ein eigenes Haus in Madrid. Gebaut wurde das Haus in den Jahren 1910 und 1911, in einem Viertel namens Almagro, ganz in der Nähe des Zentrums. 1912 waren die beiden miteinander verbundenen Gärten fertiggestellt. Gartenarchitekten sind sich dessen bewußt, daß die Anlage von Stadtgärten aufgrund der räumlichen Begrenztheit äußerst problematisch ist. Es

Joaquín Sorollas Garten in Madrid ist auch Motiv seiner Gemälde (oben). Der Garten war voll von maurischen Elementen, von den Springbrunnen über die gestutzten Hecken bis hin zu den azulejos *– jenen glasierten Fliesen, mit denen die Sitzbänke und die Wasserbecken dekoriert wurden (rechts).*

läßt sich oft nicht vermeiden, daß sie, wenn sie einmal eingewachsen sind, überfüllt und klaustrophobisch wirken. Sorolla umging dieses Problem, indem er sich zwei der klassischen, aus maurischer Zeit stammenden Gartenanlagen Spaniens zum Vorbild nahm, die Gärten des Alkazar in Sevilla und die zur Alhambra gehörenden Generalife-Gärten in Granada.

Der Alkazar, erbaut ungefähr dreihundert Jahre vor Boabdils Niederlage, ist der größte noch existierende maurische Palast Spaniens. Nach dem Ende der maurischen Herrschaft größtenteils zerstört, wurde er von Kunsthandwerkern originalgetreu rekonstruiert, mit flachen Teichen im Mittelpunkt prächtiger, von Arkaden gesäumter Höfe und gestutzten Hecken, die die Anlage geometrisch strukturierten. Andere arabische Elemente waren die mit Fliesen verkleideten Steinbänke, Zypressen und Zitrusbäume, Springbrunnen und die typischen glasierten Keramikfliesen, *azulejos* genannt. Da der Koran Mensch- und Tierdarstellungen als architektonische Schmuckelemente nicht zuließ, war die Kreativität der einfallsreichen maurischen Keramiker gefragt. Unglasierte Fliesen waren in Südeuropa seit römischer Zeit in Verbreitung, aber die maurischen Keramiker, besonders jene aus Málaga, entwickelten ihr Handwerk zur Kunstform. Umherziehende maurische Töpfer und Maler hatten sich in Málaga niedergelassen, wo sie unter Verwendung metallischer Glasuren, deren Zusammensetzung sie strikt geheimhielten, jene schimmernden *azulejos* herstellten, die bald darauf in jedem privaten und öffentlichen Garten Südspaniens Einzug hielten. Ihren großen Auftritt hatten die *azulejos* in den Generalife-Gärten. Der Generalife wurde im 13. Jahrhundert hoch über der Stadt Granada als luftiger Sommerpalast des Sultans errichtet. Wasser war das vorherrschende Gestaltungselement: Fontänen markierten die Schmalseiten langer Wasserbecken, an anderer Stelle füllte ein aufsteigender Wasserstrahl eine Schale, die sich in einen gefliesten Brunnen ergoß, und immer wieder entdeckte der im Schatten von Zypressen verweilende Besucher die spiegelnde Oberfläche eines von gestutzten Myrtenhecken umsäumten Bassins. Maurische Gärten wie diese waren bekannt für die Vielfalt ihrer Pflanzen. Es blühten dort Rosen, Jasmin, Kallen *(Zantedeschia),* Schwertlilien und Narzissen; aber auch Kräuter waren dort zu finden: Minze, Majoran, Lavendel und Thymian.

Sorolla übernahm für seinen eigenen Garten die Blumenvielfalt und auch die besonderen Charakteristika des maurischen Gartens, die *azulejos*, die Springbrunnen, Wasserbecken und die schattigen Ruhezonen. Im ersten, rechteckigen Gartenareal plazierte er jeweils an die Schmalseiten eine mit Fliesen verkleidete Steinbank. Den Mittelpunkt bildeten zwei Springbrunnen, die durch einen schmalen Wasserlauf verbunden waren. Die Was-

sertropfen besprengten längsseitig aufgestellte Pflanzkübel aus Terrakotta, in denen Sorolla Spanischen Pfeffer und Pelargonien zog. Der Garten war umrahmt von säuberlich gestutzten Buchshecken, gefliesten Pfaden und Gruppen von Myrtenbäumen, von Apfel-, Pflaumen- und Kirschbäumen.

Im zweiten Teil des Gartens installierte Sorolla einen weiteren Springbrunnen. Die Fontäne ergoß sich in ein großes Bassin klaren Wassers, auf dessen Oberfläche sich, ganz wie bei den traditionellen Gärten und ihren Bassins, das Laub der umstehenden Bäume widerspiegelte. Das Wasserbecken war umrahmt von schmalen Bändern weißer und blauer Fliesen, und ein abwechselnd mit Fliesen und Flußsteinen ausgelegter Pfad verband das Bassin mit einem von schlanken Säulen gestützten Laubengang. Um das Ganze abzurunden, stellte Sorolla Skulpturen – viele davon eigene Werke – zwischen die Platanen, Akazien, Magnolien, Narzissen, Schwertlilien und Farne.

Die Gartenanlage war noch nicht abgeschlossen, als die Hispanische Gesellschaft Sorolla mit dem anspruchsvollsten Auftrag seines Lebens betraute: einer Gemäldereihe, die die verschiedenen Regionen Spaniens darstellen sollte. Die Bilder, die am Sitz der Hispanischen Gesellschaft in New York noch heute zu besichtigen sind, waren eine mühevolle Aufgabe für Sorolla: Sie beschäftigte ihn acht Jahre lang. Ein Jahr nach Fertigstellung der Reihe erlitt er einen Schlaganfall und sah sich gezwungen, das Malen aufzugeben. Drei Jahre später, 1923, starb Sorolla im Alter von einundsechzig Jahren. Obwohl er zu seinen Lebzeiten als der größte spanische Künstler des 20. Jahrhunderts gepriesen wurde, begann sein Ruhm nach seinem Tod bald zu verblassen. Die Kritiker störten sich an seinem Festhalten am Impressionismus, als längst neue Strömungen – Kubismus, Expressionismus und schließlich Modernismus – die Kunstwelt beherrschten. Und obwohl es immer wieder Anzeichen für eine Renaissance seines Werks gegeben hat, ist doch sein Name aus der Kunstgeschichte des 20. Jahrhunderts verschwunden. In seinem Garten in Madrid jedoch, wo die maurischen Fontänen ihr Wasser auf die *azulejos* plätschern ließen, lebt das Andenken an ihn fort. 1932 vermachte seine Witwe, Clotilde Sorolla, das Haus und den Garten dem Spanischen Staat: Heute befindet sich dort das Museo Sorolla.

Sorolla ließ sich von zwei der bedeutendsten Zeugen maurischer Gartenkunst in Spanien inspirieren, dem Alkazar in Sevilla und den Generalife-Gärten der Alhambra in Granada.

Er konnte sich an seinem Garten aber nicht sehr lange freuen: 1923 starb Sorolla, nachdem er einen umfangreichen Auftrag für die Hispanische Gesellschaft in New York vollendet hatte.

John James

Audubon

(1785–1851)

Verspürte der Künstler John James Audubon heutzutage Lust auf einen Rundgang in seinem Garten »Minnies Land«, dann fände er sich ganz unvermittelt mitten in der Großstadthektik Manhattans wieder, müßte dem Straßenverkehr ausweichen und sich seinen Weg durch die Menschenmassen auf dem Gehsteig bahnen. Aber der Künstler aus dem frühen 19. Jahrhundert wäre sicher nicht weiter überrascht darüber, daß sein Garten jetzt irgendwo unter den Straßen New Yorks begraben liegt.

Audubon war auf dem Gebiet des Naturschutzes ein Pionier, der das Verschwinden von intakter Naturräumen in Amerika bewußt registrierte. Was er sah, beunruhigte ihn. »Ich liebe die Natur«, erklärte er einmal voller Überzeugung. 1843, als er selbst an einer der grausamen und in ihren Folgen verheerenden Büffeljagden teilnahm, schrieb er: »Beinahe an jedem Tag wird auf diesen grenzenlosen, öden Weiten, die man Prärien nennt, eine Unzahl von Büffeln abgeschlachtet. Das kann so nicht weitergehen. In wenigen Jahren wird der Büffel, ebenso wie der Meeresvogel Alk, ausgerottet sein.«

Der ersehnte Erfolg als Künstler stellte sich für Audubon erst ein, als er bereits Mitte Fünfzig war. Er kaufte zu dieser Zeit ein vierzehn Hektar großes Stück Land in Carmansville am Hudson River, heute unter dem Namen »Washington Heights« bekannt, und errichtete darauf ein einfaches, aber geräumiges Holzhaus, an dessen zum Fluß hin gelegenen Längsseite eine hohe Loggia verlief. In der Folgezeit unternahm er noch eine Reise in die Wildnis der Natur, blieb aber sonst für die letzten elf Jahre seines Lebens in Minnies Land. Der Ort war wie geschaffen für ihn, denn die alten Ulmen und Eichen des Gartens zogen viele Vögel an, die er schon seit seiner Kindheit gemalt hatte. Zusätzlich pflanzte er selbst an die zweihundert Obstbäume und Sträucher, darunter Apfel- und Birnbäume, Quitten, Aprikosen, Nektarinen und Wein, die noch mehr Vögel in den Garten lockten. Er zeichnete das Obst, die Beeren, die Blumen und die Blätter des Gartens, ebenso wie die Vögel und das Getier, das er in seinem Privatzoo hielt, Rotwild, Elche, Wapitis, Bären und Füchse.

John James Audubon, einer der ersten Umweltschützer, genoß nur ansatzweise eine künstlerische Ausbildung und hatte letztendlich doch Erfolg als Künstler und Herausgeber des Buchs Die Vögel Amerikas. *Viele der kolorierten Zeichnungen, die seinen späteren Ruhm begründeten, fertigte er in Louisiana an (links).*

Audubon jedoch war kein Künstler, der seine Zeit damit zubrachte, in aller Beschaulichkeit den Garten zu pflegen und Bilder zu malen, sondern ein ruheloser und gehetzter Mann. Er lebte ständig in Angst vor dem finanziellen Ruin, erzählte die unwahrscheinlichsten Geschichten über seine Vergangenheit, und ohne die beherzte Unterstützung seiner Frau wäre er sicher in der Vergessenheit eines Schuldturms ums Leben gekommen. Statt dessen wurde aus ihm der Künstler, der es mit seinem Meisterwerk *Die Vögel Amerikas* zu Ruhm und Anerkennung brachte, der erste Künstler überhaupt, der Vögel und Tiere in ihrer natürlichen Umgebung lebensgroß und realistisch darstellte.

Es mag seltsam erscheinen, John James Audubon in ein Buch über Künstler und ihre Gärten aufzunehmen, da doch kein einziger seiner Gärten heute noch existiert. Obwohl er sich mit Bedauern darüber äußerte, seine Gärten aufgeben zu müssen, schrieb er doch sehr wenig über deren Anlage und Bepflanzung; und während sein Werk durchdrungen war von seinem sorgfältigen Studium der Pflanzen, beschäftigte es sich in erster Linie doch viel mehr mit Vögeln und Säugetieren als mit der heimischen Pflanzenwelt. Nach seinem Tod wurde eine Vielzahl von Umwelt- und Naturschutzorganisationen in seinem Namen gegründet – so war sein Vermächtnis letztendlich eine Lektion für unser aller Zukunft.

Summer or Wood Duck.
ANAS SPONSA. L
1. 2. Males. 3. 4. Females.
Platanus occidentalis — Button Wood Tree

Obwohl er immer wieder anderes behauptete (Audubon sprach sogar davon, er sei der vermißte Dauphin, der Sohn des französischen Königs Ludwig XVI.), wurde Audubon 1785 in Les Cayes auf Haiti geboren, als unehelicher Sohn eines französischen Schiffseigners und seiner Geliebten, Jeanne Rabin. Seine Mutter starb, als er gerade sechs Monate alt war, worauf sein Vater, der die Weltmeere befuhr, das Kind nach Nantes brachte und ihn von seiner zweiten Frau Anne adoptieren ließ. Aus unerklärlichen Gründen nannten sie ihn Jean Jacques Fougère.

Im Jahr 1790 hatte sich die Familie außerhalb der Stadt Nantes niedergelassen, wo der junge Audubon Gelegenheit dazu hatte, in der Zurückgezogenheit des elterlichen Obst- und Gemüsegartens zu spielen. Außerhalb des Gartens jedoch befand sich die Welt in Aufruhr. 1789 war das Jahr des Sturms auf die Bastille, des Fanals der Französischen Revolution. Auch Nantes, ehemals eine Hochburg der Royalisten, bekam die Auswirkungen des Terrors zu spüren. Bewohner der Umgebung wurden massenhaft guillotiniert oder in der Loire ertränkt, eine Tante Audubons wurde durch die Straßen der Stadt gezerrt.

Kapitän Audubon hatte ein Farmhaus in den Vereinigten Staaten gekauft, »Mill Grove« im Staat Pennsylvania, wohin der Künstler immer wieder geschickt wurde, um ein Auge auf den väterlichen Besitz zu haben. Mittlerweile hatte er ein Jahr an der französischen Militärakademie verbracht – das behauptete er zumindest – und im Pariser Atelier von Jacques Louis David studiert, dem ausgezeichneten Lehrer und Revolutionsmaler, dessen Werk ein einfühlsames Verständnis von Farbe und Licht demonstriert. Sollte David wirklich der Lehrer Audubons gewesen sein, dann hätte er davon für seine künstlerische Arbeit unendlich profitiert; war Audubon nicht Schüler Davids, dann spricht das noch mehr für ihn, denn von einigen Unterrichtsstunden abgesehen, die ihm ein umherziehender Maler in den Vereinigten Staaten erteilte, hatte er keinerlei formelle Ausbildung als Künstler genossen.

1803 lernte Audubon seine aus England stammende Nachbarin in Mill Grove, Lucy Bakewell, kennen. Das Paar verlobte sich, ließ aber bis zur Hochzeit drei Jahre verstreichen. Während dieser Zeit reiste Audubon nach Frankreich und kehrte später nach Amerika zurück, nur um Mill Grove durch Grundstücksspekulationen zu verlieren. Dies war die erste einer Reihe geschäftlicher Niederlagen in Louisville, Mississippi, New Orleans und Henderson, die schließlich 1819 zur Verhaftung des Künstlers führten. Nach seiner Entlassung aus dem Gefängnis mietete er zusammen mit seiner Familie ein Haus in Louisville; den Lebensunterhalt verdiente er mehr schlecht als recht durch den Verkauf von Kohleportraits, die er für fünf Dollar das Stück anfertigte. Schließlich zogen er und Lucy nach Cincinnati, wo er als Präparator von Tierkörpern arbeitete, aber auch hier verließ ihn sein Glück, und bald war er wieder ohne Arbeit. »Ohne auch nur einen einzigen Dollar in der Tasche, aller Verdienstmöglichkeiten beraubt und einzig vertrauend auf mein Talent und meine Fertigkeiten, verließ ich jene geliebte Blockhütte und den Garten mit den Obstbäumen. Und gedrückt von der schwersten aller schweren Lasten, einem schweren Herzen, machte ich mich auf in Richtung Louisville.«

Aber seine »Talente und Fertigkeiten« waren nicht zu unterschätzen. Seit seiner Kindheit in Frankreich hatte Audubon Vögel in freier Wildbahn gemalt, und auch in Amerika wuchs seine Kollektion wildlebender Vögel beständig an. Sein Vater hatte ihm eingeprägt, daß »alles Belebte auf der Welt nur schwer darzustellen sei, und er hoffte, ich würde mir dessen mit zunehmendem Alter mehr bewußt werden«. Im Gegensatz zu diesem väterlichen Ratschlag konzentrierte sich der Künstler um so stärker auf sein Können. Unter Zuhilfenahme von Draht gab er toten Vögeln wirklichkeitsgetreue Posen. Mit dieser Technik erreichte er den spannungsreichen Realismus seiner Bilder und eine Wirkung, die durch die meisterhafte Wiedergabe von Blüten und Blättern im Hintergrund noch verstärkt wurde. Dabei kam es ihm nicht darauf an, die Tiere in ihrem natürlichen Lebensraum darzustellen. Vielmehr nahm er sich die künstlerische Freiheit, eine Pflanze einzig ihrer satten Farbe oder ihrer bizarren Form wegen als Hintergrund zu verwenden.

Audubons meisterhaftes Konvolut Die Vögel Amerikas *wurde von 1827–1838 veröffentlicht. Ein Blatt (links) zeigt die Sommer- oder Waldente auf dem Ast einer Amerikanischen Platane* (Platanus occidentalis, *oben*). *Die außerordentliche, naturalistische Detailtreue sowohl der Vögel als auch des Hintergrunds fesselte die Vorstellungskraft seines Publikums.*

Seine Begeisterung für die Kunst brachte aber seine diversen Geschäfte nicht voran. 1810 fuhr er zusammen mit einem Geschäftspartner den Ohio flußabwärts, um eine Ladung Whisky, Schießpulver und andere Waren an den Mann zu bringen. Während die Verzögerungen der Reise seinen Partner zermürbten, zeigte sich Audubon hocherfreut über weitere Gelegenheiten, neue Vogelarten aufzustöbern. Einmal schloß er sich einer Gruppe von Indianern an, die Jagd auf wilde Schwäne machten; ein anderes Mal, als der zugefrorene Fluß eine Weiterfahrt unmöglich machte, nutzte Audubon die Zeit, um Bären, Wölfe, Pumas und wilde Truthähne zu malen.

Zehn Jahre später, als er sein »geliebtes Blockhaus« mit dem »herrlichen Garten« verließ, war Audubon fest entschlossen, sich von nun an ausschließlich auf seine Bilder zu konzentrieren. Die Familie hatte in Louisville ihr sicheres Zuhause, und er brach auf der Suche nach unbekannten Vogelarten zu einer weiteren Expedition auf. Diesmal führte ihn die Reise, auf der ihn der dreizehnjährige Joseph Mason begleitete, an die Flußläufe des Ohio und des Mississippi. 1821 trafen die beiden in New Orleans ein, wo sie für die nächsten vier Jahre bleiben sollten. Audubon war mit seinen Vogelstudien beschäftigt, während Mason allmählich lernte, die Pflanzen für den Hintergrund der Bilder zu malen. Zusätzliches Geld für den Lebensunterhalt verdiente Audubon mit seinen Portraits und als Lehrer, letzteres nicht immer mit Erfolg – er verbrachte vier Monate im Dienst eines reichen Plantagenbesitzers auf der Oakley-Plantage in Louisiana, nur um mit der Begründung entlassen zu werden, seine junge Schülerin »hätte sich in ihren sechsunddreißig Jahre alten Zeichenlehrer verliebt«. Audubon war deswegen nicht allzusehr betroffen, immerhin hatte er in den Wäldern der Umgebung dreißig neue Vogelarten entdeckt. »Die üppigen Magnoliensträucher mit ihren duftenden Blüten, die Stechpalmen, Buchen und schlanken Pappeln, die Hügel und sogar der rote Lehmboden, alles

In den zwanziger Jahren des 19. Jahrhunderts wurde Audubon von geschäftlichen Fehlschlägen heimgesucht, und nur sein Buch schien noch Erfolg zu versprechen.

Zu dieser Zeit fand er noch dreißig weitere, unbekannte Vogelarten in den Wäldern Louisianas (oben), die er seiner Sammlung hinzufügte.

nahm ich mit Staunen auf. Und plötzlich sehe ich mich umgeben von Tausenden von Grasmücken und Drosseln und freue mich an der Natur«, rief er aus.

Die Informationen über Flora und Fauna erhielt Audubon von den zu seiner Zeit noch im Einklang mit der Natur lebenden Indianern. Obwohl viele Stämme Kürbisse, Bohnen und Mais anbauten, gab es in ihrer Sprache keine Entsprechung für das europäische Wort Garten, das soviel wie »Einfriedung« bedeutet. Ein Indianer aus Kanada beschrieb, wie sein Stamm beim Anbau von Feldfrüchten vorging: In einem Erdhügel vergruben sie einen großen Fisch, der als Dünger diente. Daraufhin brachte man im mittleren Bereich des Hügels Maiskörner in die Erde, an den Rändern säte man Pâtisson-Kürbisse. Wenn der Mais kniehoch stand, rankten sich Stangenbohnen an ihm hoch, während die Kürbisse das Unkraut niedrig hielten. Nach der Ernte ließ man das Beet brachliegen, damit sich der Boden regenerieren konnte. Pfähle in den Boden zu schlagen und ein Stück unbebautes Land einzuzäunen, kam für die Indianer einem Akt der Gotteslästerung gleich. Audubon, auch wenn er seinen eigenen Gärten einzäunte, war sich der Haltung der Indianer und ihres pfleglichen Umgangs mit der Natur immer bewußt. Während einer Bahnfahrt von Charleston nach Florida in den dreißiger Jahren des 19. Jahrhunderts konnte er sich ein Bild machen von den brutalen Folgen der Regierungspolitik und ihres Umgangs mit den Indianern. Er war Zeuge, wie sie »in Ketten gelegt wurden, ehe sie das Land ihrer Väter für immer verlassen mußten. Einige Meilen weiter überholten wir einen von Rangern und Soldaten bewachten Zug von annähernd zweitausend dieser ehemals stolzen Herren der Wälder. Man brachte sie in ferne, ihnen unbekannte Gegenden, wo sie ihre weiteren Tage, ja ihre ganze Zukunft in größtem Leid, Schmerz und vielleicht sogar unter Entbehrung des Lebensnotwendigsten werden zubringen müssen. Der Eindruck war so schrecklich, daß ich nur hoffen kann, etwas Derartiges nie wieder zu Gesicht zu bekommen.«

John James Audubon verdiente den Lebensunterhalt für seine Familie als Zeichenlehrer auf der Oakley-Plantage (oben), wo er auch die Vögel der Umgebung zeichnete. In dieser Zeit erreichte der Künstler und Naturforscher den Höhepunkt seines Könnens.

In den zwanziger Jahren kämpfte der Künstler mit seinen eigenen Problemen, aber nun, im Alter von fünfunddreißig Jahren, hatte er den entscheidenden Einfall: Er sah vor, aus seinem wachsenden Bestand von naturgetreuen Vogelbildern die besten auszusuchen und Kupferstiche davon anfertigen zu lassen. Die Drucke wollte er anschließend eigenhändig kolorieren und in Buchform als Liebhaberstücke zum Kauf anbieten. Da nur englische Drucker dazu in der Lage waren, brachte er mit Hilfe seiner Frau Lucy die erforderlichen finanziellen Mittel auf – sie betrieb mittlerweile eine Privatschule in Bayou Sara in Louisiana –und reiste mit mehr als vierhundert Bildern im Gepäck nach Liverpool. Für die nächsten zwölf Jahre hielten ihn *Die Vögel Amerikas* in ihrem Bann. Er überwachte die Arbeiten und bereiste Europa, um Subskribenten für das Werk zu gewinnen. Auf der Suche nach immer weiteren Arten reiste er nach South Carolina und in die Sümpfe Floridas. 1838 hatte er sein Ziel erreicht: das Konvolut *Die Vögel Amerikas*, mit 435 Drucken, auf denen 457 Vogelarten zu sehen waren, war komplett. Vier Bände kosteten zusammen 1 000 Dollar – ein Jahrhundert später erbrachten sie bei einer Auktion 200 000 Dollar. Das Werk wurde ohne jeglichen Text veröffentlicht; somit war Audubon nicht dazu gezwungen, Freiexemplare an britische Bibliotheken abzugeben. Eine Autobiographie, wurde später veröffentlicht.

Audubons Haus und auch sein Garten sind seit langem unter dem Asphalt der Großstadt verschwunden, aber glücklicherweise hat sein Werk die Zeiten überdauert. Seine Carolina-Papageien (gegenüber) und die blaugrüne Grasmücke in einem Spanischen Maulbeerbaum (oben links) – neben einem Bildausschnitt, der nur die Pflanze zeigt (Callicarpa americana, *oben rechts*) *– bezeugen seine Beobachtungsgabe, die den Erfolg der Bände* Die Vögel Amerikas *untermauerte.*

John James Audubon war nun ein berühmter Mann und konnte es sich leisten, mit seiner Familie in New York zu leben. 1840 bezogen sie Minnies Land. Der Künstler arbeitete weiterhin vierzehn Stunden am Tag, versorgte seinen Garten und kümmerte sich um zwei neue Projekte, ein kleinerer, preiswerterer Band der *Die Vögel Amerikas* und ein Buch über amerikanische Vierfüßler, das er zusammen mit seinem Freund und Mitarbeiter, Reverend John Bachman, und seinen Söhnen John Woodhouse und Victor Gifford herausgab. Nach der Erkrankung ihres Vaters schlossen seine Söhne *The Viviparous Quadrupeds of North America* – ein Werk über lebendgebärende Vierfüßler Nordamerikas – ab.

Als Audubon am 27. Januar 1851 starb, wurde er als einer der zwölf bedeutendsten Amerikaner gefeiert. Sein Name sollte weiterleben, nicht nur in Iowa, wo ein Bezirk nach ihm benannt wurde, sondern in allen Umweltschutzorganisationen, die seinem Andenken gewidmet wurden.

No 6
PLATE 26
Males 1. F. 2. Young 3
PSITACUS CAROLINENSIS
Plant Vulgo Cockle Burr

Kim

Ondaatje

(geb. 1928)

Kim Ondaatje, zeitgenössische Künstlerin aus Kanada, ist eine überzeugte Umweltschützerin. Ihr nach ökologischen Prinzipien angelegter Garten liegt auf der Blueroof Farm im Seengebiet nördlich von Kingston im kanadischen Bundesstaat Ontario. Ihre Gemälde lassen zwar kaum Rückschlüsse auf ihren Garten zu, aber der Garten erzählt doch viel über die Persönlichkeit der Künstlerin. »Ich war immer fasziniert von dem, was wir nicht ganz genau wissen oder verstehen. Ein gewisses Maß an Subtilität ziehe ich dem allzu Deutlichen vor, und Gärten oder Kunstwerke mit einer eindeutigen Botschaft sind überhaupt nicht meine Sache. So sind zum Beispiel meine Industrielandschaften keine Gemälde gegen die Umweltverschmutzung. Als ich sie malte, war ich einfach fasziniert von den geometrischen Formen, davon, nicht zu wissen, was in den Fabriken vor sich geht. Mir gefielen die Wolkenformationen des austretenden Rauchs und die nebelige Atmosphäre, die dadurch in der Umgebung entstand. Heutzutage aber betrachte ich meinen eineinhalb Hektar großen Garten als meine letzte Leinwand.«

Der wilde und doch gezähmte Garten auf Blueroof Farm – wie sie ihn nennt – hat seine eigenen Geheimnisse. Im Herbst, wenn die Temperaturen sinken, steigt in der Abenddämmerung Nebel von den Seen auf, der sich dann hinter den Lilien und Chrysanthemen allmählich auflöst. Mitten auf dem Teich treibt ein Boot, und an den Ästen der Bäume, die auf die Wasserfläche hinausragen, hängen Spinnweben, an jedem einzelnen Faden Tautropfen aufgereiht wie Perlen. Unter dem kathedralenähnlichen Dach eines Ahornwaldes stehen Grabsteine. Ihre geschwungene Linie markiert einen Pfad, der von Funkien und Farn umsäumt wird.

Der Winter gibt dem Ganzen eine neue Dimension. 1998 verwandelte ein mehrere Tage anhaltender Eisregen jeden Grashalm in einen kleinen Speer aus Eis. Die Telefonleitungen waren unterbrochen und die Wasserrohre eingefroren, über Blueroof Farm legte sich eine Glocke aus Schweigen. Es klang wie Gewehrschüsse in dieser Stille, wenn unter der Last des Eises Äste und Zweige plötzlich von den Bäumen brachen und mit einem dumpfen Geräusch zu Boden fielen. Nachdem sich ein Katastrophenhelfer einen Weg nach Blueroof Farm gebahnt hatte, fragte er Kim Ondaatje, ob er ihr helfen könnte. »Ja«, bat sie, »bringen Sie mir Filme, viele Filme, ich muß dies alles fotografieren.«

Die Kanadierin Kim Ondaatje, Künstlerin und Verfechterin des organisch-bilologischen Landbaus, neben einer Clematis in ihrem Garten von Blueroof Farm (oben), wo jedes Fenster einen anderen Ausblick gewährt: »Ich betrachte meinen eineinhalb Hektar großen Garten als meine letzte Leinwand«, sagt sie. Die Gruppierung von Taglilien (Hemerocallis) *und Phlox um den Orser-Teich (links) verweist auf das geschulte Auge der Künstlerin.*

Von jedem Fenster des Hauses hat man einen anderen Ausblick – in der Ferne der blaugrüne Schimmer der Fichten, ein von Kiefern umrahmter Wasserfall, ein spiegelnder, von immergrünen Stauden umgebener Teich, der sich an eine Felswand schmiegt. Aus der Vogelperspektive bietet sich folgender Blick: Im Mittelpunkt des Gartens, der sich perfekt in die Landschaft einfügt, steht das Farmhaus mit seinem blauen Dach, von dem es auch den Namen hat. Der vordere Bereich ist ausgefüllt mit Büschen, Bäumen und Teichen. Um den Orser-Teich, benannt nach dem Mann, der ihn gegraben hat, gruppieren sich Hartriegel, Narzissen, Kirschbäume und Weiden sowie eine Laube. Unmittelbar daran grenzt der in einem Schattengarten liegende Westteich an. An einem Teichufer wachsen Funkien, Veilchen und verschiede Farnarten, am anderen steht dichtgedrängt eine Gruppe von Sumach-Sträuchern, die sich im Herbst wunderbar verfärben. Der Ostteich, nur durch die weißen Stämme der Birken zu sehen, ist umsäumt von Fichten, Kiefern, einer Trauerweide und einer Ölweide. Auf einer kleinen Insel wachsen verschiedene Gräser und Rohrkolben, während ein Wasserfall den Mittelpunkt bildet.

An die Farm grenzen fünfzig Hektar hügeliges Weideland an, durchzogen von grauem oder roséfarbenem Felsgestein. Im Frühjahr und im Sommer grast hier eine Herde von rot- und braungescheckten Kühen mit ihren Kälbern und dem Leitbullen. Jenseits davon liegen weitere zwölf Hektar Waldland, gesäumt vom Wahrzeichen Kanadas, dem Ahornbaum, der sich im Herbst leuchtendgelb, korallrot und purpurrot verfärbt. Durch den dichten Wald verlaufen Wanderpfade, hinauf zu hohen Felsen, die als Aussichtplattformen dienen, und hinunter an den Fluß, dessen Ufer moosbewachsene Felsblöcke und weißer Schierling säumen.

Die Größe ihres Anwesens spielt für Kim Ondaatje eine untergeordnete Rolle – die Ausdehnung eines kanadischen Gartens läßt sich mit den Ausmaßen der meisten europäischen Gärten ohnehin kaum vergleichen. Aber da der Umweltschutz für sie ein wichtiges Thema ist und sie von einem kanadischen Indianer in die Gesetze der Wildnis eingeführt wurde, nimmt Ondaatje eine eher philosophische Haltung ein: »Ich liebe jeden Teil meines Gartens auf eine Weise, wie ich auch jedes meiner sechs Kinder liebe. Wenn aber die Wiesen nicht gemäht werden, das Unkraut in den Beeten nicht gejätet wird und die Kanten der Beete nicht regelmäßig scharf abgestochen werden, wenn die Bäume und Sträucher nicht zugeschnitten werden, würde mein Garten innerhalb nur eines Jahres wieder zur Wildnis. Goldrute, Gemeine Wegwarte, Gauchheil, Löwenzahn, Kletten und andere gemeinhin als Unkraut bezeichnete Arten würden überhandnehmen und alles in eine Wildnis zurückverwandeln. Nichts ist von Dauer.«

Eine Gruppe von Tulpen neben einem Felsgestein. Die Künstlerin ist beeinflußt von den Lehren eines kanadischen Indianers und betrachtet ihren Garten wie ihre Kunst von einem philosophischen Standpunkt aus. »Nichts«, so sagt sie, »ist für immer.«

Kim Ondaatje oder Betty Jane Kimbark, wie sie sich früher nannte, wurde als Sproß einer kultivierten und wohlhabenden Familie 1928 in der Provinz Ontario geboren. Als Kind ohne Nachbarn und Spielgefährten sehr einsam, schloß sie Freundschaft mit dem Gärtner, begleitete ihn durch den Garten und ging ihm bei seinen Arbeiten zur Hand. Sie war noch ein Teenager, als ihr Vater einen kanadischen Indianer, Jack Hawk, als einen ihrer Hauslehrer engagierte. »Wenn ich die Gegend hier durchwandere oder in einem Kanu flußaufwärts fahre, dann habe ich seine Worte im Ohr. Er sprach oft von der ›Mutter Erde‹ und davon, daß ›wir immer auch etwas zurückgeben müssen , statt immer nur zu nehmen.‹«

In dieser Zeit überlegte sich Ondaatje, ob sie Kanadas erster weiblicher Jockey oder lieber Künstlerin werden sollte. Als ihre Körpergröße eine Karriere im Sattel nicht mehr zuließ, schrieb sie sich an einer Kunsthochschule ein. Ihr Vater war Besitzer einer Druckerei und brachte von seinen Reisen nach Deutschland, England und Frankreich seltene Radierungen und Kupferstiche mit, die er dann zu Hause aufhängte. Da gab es Constables, Gainsboroughs, Turners, Reynolds und Rembrandts; ihr Lieblingsdruck war von Whistler und zeigte einen in einem Boot sitzenden Mann mit einer Menge geheimnisvoller schwarzer Schraffierungen vor einem weißen Hintergrund. Aber als Kind sehnte sie sich angesichts dieser in Schwarz, Weiß und Grau gehaltenen Kunstdrucke einfach nach leuchtenden Farben.

Als Malerin war sie beeinflußt von kanadischen Künstlern wie Yvonne McKague Housser, Paul-Emil Borduas und David Milne sowie von der Amerikanerin Georgia O'Keeffe. Kritiker haben zwischen diesen beiden Künstlerinnen immer wieder Parallelen gezogen, wenn auch weniger in bezug auf ihr Werk als auf ihre Rolle als Frau. »Ich fand es immer interessant, daß Georgia sich dafür entschied, keine Kinder zu bekommen, während ich so viele wie möglich haben wollte. Vielleicht war Georgias Werk deshalb umfangreicher als das meine, aber als Frau. . .«

Kim Ondaatje wurde schließlich Malerin, Fotografin, Filmregisseurin und Lehrerin. Wie sie selbst sagt, war das nicht immer leicht. Als sie den Schriftsteller Michael Ondaatje heiratete, der gerade dabei war, sein Opus magnum, den Roman *Der englische Patient*, zu vollenden, wurde sie von ihrer Mutter wegen dieser Ehe enterbt und kam nach Toronto mit einem erst kürzlich angetrauten Ehemann, dreizehn ungerahmten Gemälden und einer Einladung, bei einer Open-air-Ausstellung ihre Bilder zeigen zu dürfen. Sechsunddreißig Jahre alt und hochschwanger präsentierte sie, mit zittriger Stimme, ihre Arbeiten dem Auswahlkomitee.

»Woher kommen Sie, mein Kind?« fragte der damalige Direktor der Nationalgalerie.
»Aus Quebec, Sir.«
»Sie haben bei Morrice studiert?«
»Nein, hab' ich nicht. Ich bin von der Kunstakademie geflogen.«
»Ah, das spricht nur für Sie. Jeder Künstler, der etwas auf sich hält, fliegt von der Kunstakademie.«

Ihre Bilder wurden zugelassen, fast alle wurden auch verkauft, und Ondaatje fand sich plötzlich mitten in einer Karriere als Künstlerin wieder. Mit ihren ersten Ausstellungen in Kanada, den Vereinigten Staaten, dem ehemaligen Jugoslawien, Polen und England fanden ihre Gemälde und Drucke Eingang in private und öffentliche Galerien im In- und Ausland. 1973 schließlich stießen die Ondaatjes auf Blueroof Farm: »Der Zufall hat mein Leben, meine Kunst und meinen Garten entscheidend mitgeprägt. Manchmal glaube ich, daß der Schutzengel hinter mir ziemlich erschöpft sein muß.«

Sie hatten sechs Sommer damit zugebracht, im Osten der Provinz Ontario nach einem passenden Haus zu suchen, als sie hinter einer Gruppe abgestorbener Ulmen das kleine, so trist aussehende Haus mit der abblätternden weißen Farbe und dem tiefblauen Dach entdeckten. Im Garten wiegten sich die Stengel der Goldrute vom letzten Jahr im Wind. Mit seinen zweihundert Jahren war das Haus für kanadische Verhältnisse sehr alt. Die ursprüngliche Blockhütte, heute ins Farmhaus integriert, hatte sich ein britischer Soldat gebaut; er starb im Jahr 1812. Seine Witwe und zwei Söhne lagen unter den Ahornbäumen hinter dem Haus begraben. Daneben lagen die Gräber von zwei Kindern, die im Fluß ertrunken waren, und mehrere namenlose Grabsteine, die letzte Ruhe-

Ondaatjes unheimlicher »INCO Slag Train« erwuchs aus ihrem Interesse für die Strukturen, die Umrisse und die Atmosphäre von Fabrikanlagen in der Provinz Ontario. Später wurde sie Druckgrafikerin, Filmregisseurin, Fotografin und Gärtnerin.

stätte von Flößern, die von den Stämmen abgerutscht waren und in den wilden Strudeln der Frühlingshochwasser ihr Ende gefunden hatten. In den vierziger Jahren des 19. Jahrhunderts wurden die Baumstämme auf dem Fluß zu den flußabwärts gelegenen Sägemühlen gebracht. Einer der Felsen in der Nähe der Farm trug den unheimlichen Namen »Dead Man's Point«; er war bekannt dafür, daß sich die Stämme an ihm regelmäßig stauten und viele der Flößer bei dem Versuch, die Stämme wieder flott zu machen, in den Fluten umgekommen waren.

Nach der Trennung von ihrem Mann im Jahr 1980 blieb Kim Ondaatje auf Blueroof Farm und züchtete Rinder nach den Methoden der biodynamischen Landwirtschaft. Acht Jahre später wandte sie sich der Anlage ihres Gartens zu. In ihrem für Schattengewächse bestimmten Garten, den sie terrassenartig konzipierte, führten Holzstege und von Funkien gesäumte Stufen zu einer

»Pine Cupboard« (oben), ein Kiefernschrank, ist Teil der »Piccadilly« genannten Serie mit Innenansichten eines unbewohnten Hauses. Ihre Faszination für die strenge Form und die Geometrie ist auch im Garten von Blueroof Farm, wie in der Laube am Orser-Teich (rechts), deutlich erkennbar.

Farnpflanzung unter den alten Ahornbäumen. Daneben entstand ein Steingarten unter Kims Händen. Sie legte ein Stück natürlichen Felgesteins frei und pflanzte in die Vertiefungen widerstandsfähige Steingartengewächse. Die Rasenflächen säumten Blumenbeete, die mit der Farbenpracht ihrer mehrjährigen Stauden alljährlich reizvolle Akzente setzten. Mit Fleißigen Lieschen und Pelargonien bepflanzte Körbe hängte Kim unter das Vordach des Eingangs und in die neben dem Haus stehenden Birken. An den Beeten und im organischen Gemüsegarten hinter dem Haus sorgten silbern angestrichene Gitter aus Zedernholz dafür, daß sich die Neugier von Kim Ondaatjes Dalmatinern in Grenzen hielt. Sonst konnten die Hunde frei herumlaufen zwischen den mehrjährigen Stauden, dem Ziergras, den Wildblumen und den blühenden Sträuchern, die in der Lage sind, dem kanadischen Winter zu trotzen.

Kanada ist, ausgehend von den regionalen Durchschnittstemperaturen, in mehrere Klimazonen eingeteilt, und Blueroof Farm liegt in Zone 4, jedenfalls solange, bis der Nordwind das Mikroklima in den kälteren Bereich der Zone 3 drückt. Die Künstlerin hat sich mittlerweile mit immer wiederkehrenden Katastrophen in ihrem Garten abgefunden, wo die Temperatur über Nacht drastisch fallen und der eisige Nordwind das Quecksilber bis in Bereiche von minus vierzig Grad Celsius drücken kann. Die neuen Setzlinge sind noch im späten Mai von Nachtfrösten bedroht, aber in der Regel werden Tomaten in der letzten Maiwoche ins Freie gesetzt. Zu dieser Zeit sind die Schneeglöckchen, Narzissen und Krokusse bereits verblüht, während die blauen Traubenhyazinthen und pastellfarbenen Tulpen, die sich an graue Felsblöcke ducken, in voller Blüte stehen. Während des kurzen kanadischen Sommers, dessen Ende die zartfarbenen Chrysanthemen und die ersten Nachtfröste im Oktober anzeigen, ist die Künstlerin damit beschäftigt zu jäten, die Pflanzen mit Kompost, Schafdung und mineralstoffreichem Brunnenwasser zu versorgen und unwillkommene Raupen und Käfer eigenhändig aufzusammeln. Chemische Spritzmittel kommen in Ondaatjes Garten nicht zum Einsatz.

Der Anspruch, Chemikalien aus ihrem Garten zu verbannen, entstand aus den Einsichten, die ihr Jack Hawk vermittelte, und aus der Lektüre ökologisch orientierter Autoren wie Rachel Carson und deren Buch *Der stumme Frühling.* »In den frühen achtziger Jahren arbeitete ich an

Druckgraphiken in Toronto. Als ich sah, wie jemand Chemikalien den Abfluß hinunterspülte, wurde mir mit einem Mal klar, wie viele toxische Substanzen wir verwenden.« Sie verließ das Atelier am selben Tag, um nie wieder dorthin zurückzukehren, und beschloß, die ihr noch verbleibenden Jahre dem Umweltschutz zu widmen. »Als Gärtnerin habe ich mich dem organisch-biologischen Landbau verschrieben – das erschwert zwar so manches, aber ich glaube daran, und es gibt eine Menge schönes ›Unkraut‹ hier, unter dem dichten Rasenteppich wimmelt es von Regenwürmern, und in den Teichen quaken die Frösche.«

»Als Malerin habe ich in der Grünfläche eine weiße Leinwand gesehen, habe mir über jede Stelle meine Gedanken gemacht, ohne aber das Ganze aus den Augen zu verlieren. Mit jedem Jahr wächst der Garten meiner Vorstellung ein wenig entgegen, und nun, nach zehn Jahren Arbeit, überkommt mich jenes vertraute Gefühl, das ich habe, wenn ich kurz vor der Vollendung eines Gemäldes stehe. Die Arbeit an meinem Garten, wie alles in meinem Leben, geschah von ganz alleine. Wie meine Familie, meine Kunst und meine Hunde ist auch der Garten eine meiner Leidenschaften, und ich liebe ihn zu jeder Jahreszeit.«

Die Jahreszeiten auf Blueroof Farm: Nachtkerzen (Oenothera) *und der silbriggraue Absinth neben einer roten Rose (gegenüber) bilden einen Teppich von Sommerfarben, während Lilien und blaue Wicken* (Vicia cracca*; ganz oben) ihre Nische in diesem »wilden gezähmten Garten« einnehmen, bevor der kanadische Winter alles zu Eis erstarren läßt (oben).*

Claude

Monet

(1840–1926)

Claude Monet war der bedeutendste französische Impressionist. Er war auch der berühmteste Gärtner unter den Impressionisten. Als ihn ein Besucher einmal nach seinem Atelier fragte, wies der Maler mit einer Handbewegung auf die Landschaft und sagte: »Das ist mein Atelier.« Schon als kleiner Junge hatte er Gelegenheit, sich in der Freiluftmalerei zu versuchen, als er zu Füßen des Amateurmalers Eugène Boudin im Sand spielte. Boudin malte seine Strandszenen immer unter freiem Himmel, an der Atlantikküste der Normandie in Le Havre. Monet erkannte sehr bald, daß auch er das Atelier verlassen müsse, wollte er die Flüchtigkeit des natürlichen Lichts und die changierenden Töne seiner Sujets einfangen.

So stellte also Monet seine Staffelei im Freien auf, in der Überzeugung, daß er seine Eindrücke detailgetreuer wiedergeben könne, wenn er das Spiel des Lichts analysierte, wenn nötig auch mit exakten wissenschaftlichen Methoden. Monet kam noch hinter manches andere Berufsgeheimnis. Das Grün des Gartens, für jeden Maler eine Herausforderung, basiert nicht nur auf den kontrastierenden Abstufungen der Blätter, sondern auch auf der Qualität des Lichts. Das leicht honigfarbene Smaragdgrün der Japanischen Quitte oder die zitrusartigen Töne der Trauerweide ändern sich, je nachdem, ob die Sonne scheint oder der Himmel bewölkt ist. Um diese Bandbreite von Grüntönen einzufangen, greifen Maler zu Beimischungen von Gelb und Blau, manchmal mit einem Hauch Rot dazwischen, um jegliche Schärfe abzumildern. Monet ging in der Anwendung dieses Tricks noch einen Schritt weiter, indem er Pinselstriche gänzlich unvermischter Farbe daneben setzte, die der Betrachter ebenfalls als Grün wahrnimmt. Monet war »nur ein Auge«, wie Paul Cézanne bemerkte, »aber, bei Gott, welch ein Auge«.

Im Jahr 1866 beendete der siebenundzwanzig Jahre alte Monet die Arbeit an einem Ölgemälde mit dem Titel »Frauen im Garten« und legte es der Jury vor, die Material für eine berühmte Pariser Ausstellung sichtete. Die Darstellung der drei jungen Frauen auf dem Gemälde folgte den Gepflogenheiten des damaligen akademischen Malstils. Aber während die gemusterten Kleider der Frauen so exakt wie eine Fotografie erschienen, gab Monet die im Wind sich wiegenden Blüten im Vordergrund, sternförmige Dotterblumen und Gänseblümchen, nur vage wieder, eben impressionistisch. Diese Blumen, das Spiel des Lichts auf dem gesprenkelten Grün des Laubs und die Atmosphäre eines im Freien verbrachten, heiteren Frühlingsnachmittags trugen dazu bei, daß das Gemälde »Frauen im Garten« als unkonventionell empfunden wurde. Das Auswahlkomitee wies es prompt zurück. Die Juroren sahen darin das Werk eines aufbegehrenden jungen Malers, der noch dazu mit Edouard Manet befreundet war (Manets skandalöses »Frühstück im Freien«, das nackte Frauen in Begleitung zweier bekleideter Männer bei einem Picknick zeigte, hatte schon für genug Aufruhr gesorgt). Die Ablehnung war ein schwerer Schlag für Monet und seine Geliebte, Camille Doncieux. Camille, die für alle drei Frauen auf Monets Bild Modell gestanden hatte, hatte gerade ihren ersten Sohn geboren, Jean, und die Familie war in schweren Geldnöten.

Im Jahr 1870 – seine Bilder wurden von der etablierten Kunstszene noch immer nicht anerkannt – verließ Monet auf der Flucht vor dem Deutsch-Französischen Krieg Frankreich und rettete sich nach London, wo er dem ebenfalls emigrierten Künstlerkollegen Camille Pissarro begegnete. Pissarro machte Monet mit dem Kunsthändler Paul Durand-Ruel bekannt, und diese Begegnung sollte sich als die folgenreichste seines Lebens

Claude Monet war einer der Begründer des Impressionismus und der berühmteste Künstlergärtner der Welt. Als das Foto (oben) 1910 entstand, hatte er schon fast drei Jahrzehnte in Giverny (links) gelebt. Er war, so sein enger Freund Paul Cézanne, »nur ein Auge, aber, bei Gott, welch ein Auge«.

herausstellen. Mit Durand-Ruels finanzieller und moralischer Unterstützung eröffneten die beiden Maler 1874 die erste Ausstellung der impressionistischen Gruppe in Paris. Ein Kritiker, Louis Leroy, wetterte gegen die Ausstellung im allgemeinen, besonders aber gegen Monets Gemälde »Impression, Sonnenaufgang«: »Impression«, höhnte er, »ich wußte, daß es etwas Derartiges sein müßte. Ich bin beeindruckt, also muß irgendeine Art von Impression vorhanden sein.« Louis Leroy hatte somit ganz unfreiwillig der Bewegung, die zur bedeutendsten Kunstrichtung des 19. Jahrhunderts werden sollte, ihren Namen gegeben.

Zwanzig Jahre später war aus dem am Hungertuch nagenden Künstler Monet ein wohlhabender Mann geworden. Er nannte jetzt einen kleinen Landsitz sein eigen und kleidete sich bevorzugt in Anzüge aus englischem Tweed. Seine Jacketts waren so geschnitten, daß die Hemden in zarten Pastelltönen auch zur Geltung kamen, und die Hosen kaschierten geschickt seinen zunehmenden Leibesumfang. Er trug von Hand gefertigte Lederschuhe, manchmal aber auch die wesentlich bequemeren, landesüblichen Holzpantinen. Der ehemals mittellose Monet hatte nun ein Haus, ein passables Einkommen und beträchtliches Ansehen als Künstler. Nachdem er sieben Jahre lang als Mieter in Le Pressoir, der ehemaligen Apfelpresse in dem Dörfchen Giverny in der Normandie, gewohnt hatte, kaufte er das Haus mit dem dazugehörigen Grundstück, legte einen Teich an, pflanzte Seerosen und malte sie. Immer wieder: Die nächsten dreißig Jahre, bei jeder Jahreszeit und bei allen nur erdenklichen Lichtverhältnissen, sogar, als bei ihm eine Augenerkrankung – der graue Star – zu fast völliger Erblindung geführt hatte, malte Claude Monet seine Seerosen.

Monets Garten gründete in seiner Kunst, wie seine Kunst in seinem Garten gründete. Mit zunehmendem Erfolg als Maler zog er sich immer häufiger nach Giverny zurück: Hier gab es Fuchsien in Hülle und Fülle, und Mina lobata *rankten an den Hauswänden hoch.*

Monet kam 1840 in der Großstadt Paris zur Welt, wuchs aber in Le Havre am Meer auf, wo sein Vater einen Lebensmittelgroßhandel und ein Geschäft als Schiffsausrüster betrieb. Giverny lag nur an die hundert Kilometer landeinwärts und, was sich für den Maler als äußerst günstig erwies, immer noch in der lieblichen Landschaft der Normandie mit ihren kleinen Dörfern und Obstgärten.

Monet und seine zukünftige zweite Frau Alice Haschedé (Camille war im Jahr 1879 gestorben) kamen nach Giverny, als der Frühling sich gerade seinem Ende zuneigte. Die Obstgärten waren von einem Meer cremefarbener Blüten bedeckt, und auf den Wiesen standen die Kühe kniehoch in den Butterblumen. Der Sommer stand vor der Tür, und Claude und Alice machten sich in ihrem Garten an die Arbeit.

Le Pressoir war ein langgestrecktes Haus aus grob behauenem, rötlichem Stein und hatte graue Fensterläden. Zu beiden Seiten stand eine Scheune, den Garten bildete das zur Straße hin sanft abfallende Gelände. Zufällig vorbeikommende Dorfbewohner, die durch das Gartentor schauten, fanden Gefallen am Anblick des Zufahrtswegs, der von Lebensbäumen, Fichten und gepflegten Rabatten gesäumt wurde. Was ihnen nicht gefiel, war der mitteilsame Neuankömmling mit dem buschigen Bart, der anstelle der Bäume Rosen und Kapuzinerkresse pflanzte. Auch daß nun ein berühmter Künstler unter ihnen wohnte, beeindruckte die Dorfbewohner nicht im geringsten.

Monet arbeitete stets an einem halben Dutzend Bilder auf einmal, immer das gleiche Motiv, nur zu verschiedenen Tageszeiten. Das Ergebnis waren ganze Serien von Bildern, die Pappeln zeigten, Heuhaufen, die Kathedrale von Rouen und schließlich die von ihm über alles geliebten Seerosen. »Sie müssen wissen, daß ich in meiner Arbeit völlig aufgehe. Diese spiegelnden Wasseroberflächen sind zu einer Obsession geworden. Manchmal wird es mir fast zuviel, aber ich möchte trotzdem, daß es mir gelingt auszudrücken, was ich fühle«, sagte er seinem Freund und Biographen Gustave Geffroy gegenüber. Nach Monets Tod im Jahr 1926 sahen Kritiker in den obsessiv gemalten Seerosenbildern mit ihrem wohlüberlegten Chaos der Pinselstriche und ihren flirrenden Farbmischungen die ersten Vorläufer der abstrakten Malerei des zwanzigsten Jahrhunderts.

Monets Kunst gründete in seinem Garten, einem Ort, der ihn zu mehr als fünfhundert Gemälden inspirierte. Er teilte seine Leidenschaft mit Gustave Caillebotte, der selbst ein passionierter Gärtner war (siehe S. 44ff.). »Ich freue mich, daß Sie Caillebotte mitbringen«, schrieb ein befreundeter Maler angesichts eines bevorstehenden Besuchs dieser beiden Männer. »So können wir uns über Gärten unterhalten, da doch Kunst und Literatur blanker Unsinn sind. Was letztlich zählt, ist nur die Erde.«

Monet war ein Feinschmecker, der frische Produkte aus der Region in seiner Küche bevorzugte. Diese Vorliebe teilte er mit allen anderen auf dem Land wohnenden Familien in Frankreich, die auch heute noch ihren eigenen kleinen Gemüsegarten hegen und pflegen. Hauptsächlich wegen des ummauerten Gartens kaufte Monet ein benachbartes Grundstück. Hier konnte er die Frühbeete selbst im Auge behalten, die im Keller gezogenen Pilze und die von ihm bevorzugten Kräuter. Er kam täglich in das Haus an der Rue du Chêne, um zu entscheiden, was am nächsten Morgen zuerst geerntet werden sollte, denn am Abend darauf, nachdem er vom frühen Morgen an gearbeitet hätte, sollte das Gemüse zum Abendessen serviert werden.

Niemand bezweifelt heute Monets Verdienste als Maler, aber wie steht es um den Gärtner Monet? Die Tuilerien in Paris, von André Le Nôtre im 17. Jahrhundert konzipiert, sind das Paradebeispiel für den Garten französischen Stils. Diese Gartenanlage ist streng auf die geometrische Ordnung der Architektur bezogen, und auch die Bepflanzung der Beete orientiert sich an streng formalen Prinzipien. Monet legte zwar seinem Garten in Giverny auch eine geometrische Struktur zugrunde, diese wird aber von einer Woge von Blumen und blühenden Stauden überdeckt. Dabei mußte Monet, immer ein Rebell, so manchen Disput mit seinem Gärtner Breuil durchstehen, der zwischen den Anpflanzungen gerne mehr Luft, Licht und Raum gesehen hätte. Aber die Pflanzen rankten über die Begrenzungen der Beete hinweg

Trotz mancher Zerwürfnisse mit seinem Obergärtner, der sich mehr Licht und Raum zwischen den einzelnen Pflanzen wünschte, pflanzte Monet seine Blumen eng zusammen (oben). Wenn er sie malte, kam es ihm nicht auf die botanischen Details, sondern einzig auf die Impression von Licht und Farbe an.

und ergossen sich über Weg und Steg. Der Bau einer üppig begrünten und von Rosen bestandenen Terrasse sorgte dafür, daß Haus und Garten unmittelbar ineinander übergingen. Nach Bepflanzung der Terrasse widmete sich Monet dem Panorama, das sich dem Blick des Besuchers von ihr aus eröffnete. Hier wand sich eine Kletterrose um einen Spalierbogen und bildete so einen anmutigen Rahmen für ein buntes Durcheinander von Mohn, Lilien und Lupinen. Dort verlief ein Kiespfad zwischen überbordenden Rabatten von blauen und weißen Schwertlilien – Monets Lieblingsblumen –, weißen Margeriten, Lilien und feuerrotem Mohn. Sogar die Wiesen unter den Obstbäumen waren, je nach Jahreszeit, übersät mit blauen, roten und malvenfarbenen Wildblumen. Bei seinen Rundgängen durch den Garten veränderte Monet, wenn es ihm nötig erschien, hier eine Perspektive, arrangierte dort ein Blumenbeet neu und überprüfte, ob auch wirklich jede seiner Anweisungen von den Gärtnern ausgeführt worden war. Es gab sogar einen Gärtner, der sich eigens nur um den Teich und die Seerosen zu kümmern hatte.

Monet erbaute an der Westseite des Hauses ein neues Atelier; obwohl er das Bild vom Künstler, der unter freiem Himmel in unmittelbarem Kontakt mit der Natur arbeitet, aufrechterhielt, führte er die letzten Pinselstriche an seinen Gemälden meistens im Atelier aus. Es wurden Glashäuser errichtet und ganze Wagenladungen von speziellem Kompost für die Hortensien und Rhododendronbüsche herangebracht. Claude Monet forderte seine Söhne, Michel und Jean, deren Hobby die Neuzüchtung von Blumen war, und als ihre Kreuzungsversuche rein zufällig eine hübsche, neue Mohnblume hervorbrachten, wurde diese, von dem Priester und berühmten Botaniker Abbé Anatole Toussaint, auf den Namen *Papaver moneti* getauft.

In der Zwischenzeit hatte ein Franzose, Joseph Latour-Marliac, damit begonnen, widerstandsfähige, hybride Seerosen zu züchten: *Nymphaea* waren in China und Ägypten seit Jahrhunderten bekannt, beschränkten sich aber in Europa auf wildwachsende weiße und gelbe Arten. Die Gartenfreunde waren hingerissen von Marliacs neuen Schöpfungen, deren tellerartige Blätter und farbenprächtige Blüten auf der Wasseroberfläche trieben. Monet wußte sehr genau, wo sie am besten gediehen: an einem offenen, sonnigen Standort in einem stehenden Gewässer. 1893 kaufte er ein sumpfiges Stück

Monet verärgerte seine neuen Nachbarn, als er die Alleebäume der Einfahrt fällte und an ihrer Stelle Rosenrabatten anlegte. Was noch schlimmer war – er setzte Sonnenblumen dazu, Eisenhut, Dahlien, Felberich (Lysimachia punctata) *und Rittersporn und ließ die Kapuzinerkresse einfach über den Weg wuchern.*

»Am nötigsten brauche ich Blumen«, sagte der Künstler und legte zusammen mit seiner Familie ein Blumenbeet nach dem anderen an. Obwohl Monet auch eine Vorliebe für das Exotische hatte – besonders was seine Seerosen betraf –, gab es in seinem Garten Unmengen ganz alltäglicher Gewächse wie Tulpen, Schwertlilien und Goldlack, der die Basis der Gartenbepflanzung ausmachte und auf vielen seiner Gemälde zu sehen ist, wie zum Beispiel dem Bild »Der Irisgarten in Giverny« (oben).

Land auf der anderen Straßenseite, baute einen rechteckigen Teich und bepflanzte ihn mit Seerosen; einige davon bezog er von Latour-Marliac. Aber das Ergebnis befriedigte ihn nicht, und die Staubwolken, die der Verkehr aufwirbelte, trieben ihn zur Verzweiflung. Der Staub setzte sich auf der Oberfläche des Teichs ab und trübte die Lichtspiegelungen des Wassers. Also ließ Monet die öffentliche Straße aus eigener Tasche asphaltieren – wenn es um seinen Garten ging, scheute Monet keine

Kosten und Mühen. Er vergrößerte den Teich mehrmals und änderte sogar gegen den entschiedenen Widerstand der Dorfbewohner den Lauf des örtlichen Flüßchens, um seine Teichanlage mit Wasser zu versorgen. Die Uferbereiche bepflanzte er mit Rhododendren, Lilien, Trauerweiden, Päonien, Azaleen, Japanischer Kirsche und überhaupt mit einer solchen Vielzahl von Pflanzen, daß das Auge des Künstlers immer beschäftigt war. Als Krönung des Ganzen baute Monet die berühmteste Gartenbrücke der Welt, eine grüngestrichene, japanisch wirkende Holzkonstruktion, die sich in einem anmutigen Bogen über den Teich schwang. Über die Brücke wölbte sich ein Dach weißer und zartvioletter Glyzinien.

Als Claude Monet im Winter des Jahres 1926 im Alter von sechsundachtzig Jahren starb, hinterließ er in Giverny keinen französisch-geometrischen Garten und auch keinen Landschaftsgarten im englischen Stil, sondern einen klassischen Künstlergarten, in dem der Maler

die gärtnerischen Gestaltungsmittel immer so arrangiert hatte, als gelte es, das Sujet für ein neues Gemälde zu schaffen. Nach seinem Tod verfiel der Garten zusehends, und nur Gerald Van der Kemp ist es zu verdanken, daß sein ursprünglicher Zustand 1980 wiederhergestellt war. »Um Monets Werk wirklich zu verstehen, um nachvollziehen zu können, wie er dachte und woraus seine Phantasie sich speiste, um das Gefühl zu haben, er lebte unter uns, ist es unerläßlich, nach Giverny zu pilgern«, schrieb Van der Kemp.

Über Giverny zu schreiben bedeutet unweigerlich, noch mehr Besucher in den Garten zu locken und es dadurch noch schwieriger zu machen, für einen meditativen Moment ganz allein bei den Seerosenteichen verweilen zu können. Aber an grauen Regentagen, wie sie in der Normandie gar nicht selten so sind, ist es immer noch möglich, als einsamer Besucher, die Brücke mit den Glyzinien vor Augen, durch den Garten zu wandeln und den Nachhall der Stimme des alten Mannes zu vernehmen: »An meinem Garten arbeite ich kontinuierlich und mit Liebe … Am nötigsten brauche ich Blumen, immer, immer … Mein Herz ist immer in Giverny.«

Giverny und die berühmte Holzbrücke (rechts) inspirierten Monet zu mehr als fünfhundert Gemälden, darunter auch »Die Japanische Brücke im grünen Farbklang« (oben). Monet seinerseits inspirierte Generationen von Gärtnern. Ein Kritiker hat es einmal so formuliert: »Stellen Sie sich alle Farben einer Palette vor, alle Klänge einer Fanfare: Das ist Monets Garten.«

Carl

Milles

(1875–1955)

Eine anmutige Wassernymphe reitet auf einem Delphin, aus dessen Maul ein Wasserstrahl in die Luft steigt. Ein Bronzeengel, der eine Armbanduhr trägt, kratzt sich verstohlen an einem Mückenstich. Fontänen ergießen sich über eine Figurengruppe, die über einen Teich tänzelt. Kein Zweifel, hier ist Carl Milles am Werk, der Meister der verspielten Brunnenplastik.

Milles, der als einer der bedeutendsten Bildhauer Schwedens gilt, perfektionierte die Plastik im Bereich der Springbrunnen und Wasserspiele in seinem Skulpturengarten in Stockholm.

Die im 20. Jahrhundert aufkommende Tendenz, die Skulptur aus autonomes Kunstwerk zu betrachten, ohne ihr eine konkrete Funktion im öffentlichen oder sakralen Raum zuzuweisen, förderte des Konzept des Skulpturengartens. Zwar haben auch früher schon Gartenarchitekten Skulpturen in ihre weitläufigen Anlagen integriert, wie zum Beispiel in dem aus dem 17. Jahrhundert stammenden Garten auf der Isola Bella im Lago Maggiore oder dem Rokokogarten von Schloß Weikersheim, aber Gärten, die ausschließlich als Raum für Skulpturen dienen oder eigens für sie angelegt wurden, gibt es erst seit relativ kurzer Zeit. Und jeder Bildhauer hatte ganz eigene Vorstellungen von seinem Skulpturengarten. Barbara Hepworth präsentierte ihr Werk in einem Rahmen dichter, wilder Vegetation (siehe S. 154ff.), und Isamu Noguchi schuf einen minimalistischen Garten für seine minimalistischen Skulpturen (siehe S. 62ff.) während Henry Moore die weiten offenen Räume der Landschaft von Hertfordshire als Bühne für seine Plastiken nutzte (siehe S. 16ff.). Für Carl Milles, der seine Werke ebenfalls lieber im Kontext der freien Natur als in einem Museum sah, waren die gepflasterten Terrassen seines am Hang gelegenen Gartens in Lidingö in der Nähe Stockholms der ideale Aufstellungs- und Ausstellungsort.

In Millesgården mit seinen Fontänen, Teichen und Skulpturen wird durch einen klaren Grundriß und durch das Einbeziehen des Raumes als Gestaltungsmittel eine Verbindung zwischen Haus und Garten hergestellt. Diese Einfachheit ist auch ein Reflex der kunsthandwerklichen Bewegung in Schweden, die sich, wie in anderen europäischen Ländern auch, gegen eine Überfrachtung alltäglicher Gebrauchsgegenstände mit Schmuckelementen wandte. Die einzelnen Ebenen des Gartens wurden aus dem Felsen eines steilen, den Värtan-See überblickenden Hügels gehauen. Kleinere Terrassen – jede für sich ein eigener, kleiner Landschaftsgarten mit Bäumen, Blumen und Brunnen – lagen im Umfeld der drei Hauptebenen. Die Skulpturen, die von Milles und anderen Künstlern stammten, wurden so aufgestellt, daß sie in ihrer jeweiligen Charakteristik am besten zur Geltung kamen. Sie ragten entweder als dunkle Silhouette in den Himmel oder kontrastierten mit der Wasseroberfläche des Sees. Die Kunstwerke teilten sich den Platz im Garten mit einheimischen Bäumen, Sträuchern und Blumen sowie mit architektonischen Versatzstücken markanter Gebäude – einer freistehenden Sandsteinsäule des Stockholmer Opernhauses und dem Marmorportal des traditionsreichen Hotels Rydberg in Stockholm. Unter den Objekten fanden sich auch Beispiele für die kunsthandwerkliche Bewegung in Schweden: ein schmiedeeisernes Geländer, das Milles' Halbbruder, Evert Milles, entworfen hatte, und ein zweiteiliges Tor, von Milles selbst geschmiedet. Milles ließ das Tor auf der oberen Terrasse aufstellen und daran ein Zitat aus einem Gedicht seiner älteren Schwester anbringen: *Lät mig verka medan dagen brinner* – »Laß mich bitte arbeiten, solange der Tag hell ist«.

Carl Milles errichtete sein Haus mit Garten an einem Hügel über dem Värtan-See. Millesgården wurde zum Ausstellungsraum für seine eigenen Skulpturen, wie der »Susanna Fountain« (links); er gilt als einer der klassischen Skulpturengärten des Westens.

Die Früchte seiner Arbeit füllten den Garten nach und nach aus. Auf der oberen Terrasse ist die Granitskulptur »Susanna Fountain« zu sehen, die Milles zu internationalem Ruhm verhalf, als sie auf der Pariser Weltausstellung des Jahres 1925 den ersten Preis gewann. Sie thronte, umgeben von roten und weißen Seerosen, in einem flachen Becken, über das Trauerweiden ihre Äste herabhängen ließen. Im Zentrum der mittleren Terrasse, umgeben von Säulengängen und alten Tannen und Birken, stand der aus Granit gemeißelte Torso des »Sunsinger« auf seinem hohen steinernen Sockel – Milles, der Perfektionist, arbeitete sieben Jahre an dem Kunstwerk, bis er endlich damit zufrieden war. Von der Mittelterrasse führte der Weg zu zwei kleinen Terrassen, die Milles »Klein-Österreich« und »Olgas Terrasse« nannte. Auf dieser stand eine Kopie seines Werks »Agganippe Fountain«. Es war ursprünglich eine Auftragsarbeit des Metropolitan Museum in New York, wurde aber später nach Brookgreen Gardens außerhalb Charlestons im US-Bundesstaat South Carolina gebracht. Klein-Österreich war eine Miniaturversion des österreichischen Gartens von Milles' Frau Olga Granner.

Die »Himmelstreppe«, eine breit angelegte Treppe aus grauem Granit, führte von der mittleren Terrasse zur unteren Terrasse, dem letzten Teil des Gartens, den Milles erst kurz vor seinem Tod vollendet hatte. Diese untere, mit rotem Sandstein aus der schwedischen Provinz Salarna gepflasterte Ebene, gleicht in ihrem Entwurf einer italienischen Piazza und verbindet so nordische und mediterrane Kultur. In diesem Bereich des Gartens übertraf sich Milles selbst: Dort sind eine Replik des »St. Martin Fountain« zu sehen, der für Kansas City in den Vereinigten Staaten geschaffen wurde, einzelne Figuren des »Fountain of Faith« – der Brunnen des Glaubens –, der in Virginia in den USA steht, ein buddha-ähnlicher Jonas im Maul eines Wals, ein monumentaler Skulpturenbrunnen, der Europa auf dem Stier reitend darstellt und schließlich Milles bekanntestes Werk, »The Hand of God«, eine Skulptur, von der diverse Abgüsse angefertigt wurden, die heute über die ganze Welt verstreut sind.

Wie so viele seiner Kunstwerke war auch »The Hand of God« von einem kreativen Traum inspiriert. Milles schlief immer mit griffbereitem Bleistift und einem Blatt Papier neben seinem Bett: »Ich fühle mich wie ein Sänger, der seine Noten auf dem Nachttisch liegen hat – was enorme Kämpfe in mir verursacht, denn die

Milles' weit in den Raum greifende Bronzeplastik »Two Dancers« steht auf der oberen Terrasse von Millesgården (rechts). Begeistert von Italien und seiner Kunst, verliehen Milles und seine österreichische Frau Olga Granner ihrem skandinavischen Garten eine eindeutig mediterrane Atmosphäre.

Café

Melodien oder die skulpturalen Kompositionen in meinem Gehirn drängen ungestüm ins Freie.«

Der Künstler wurde als Carl Emil Wilhelm Andersson am Mittsommerabend des Jahres 1875 auf Gut Örby in Lagga nahe dem schwedischen Uppsala geboren. Sein Vater, Emil Andersson, war Offizier in der schwedischen Armee und wurde von seinen Freunden »Mille« genannt; später übernahmen seine Kinder diesen Spitznamen als Familiennamen. Obwohl Carl der Unterricht in Kunst, Literatur und Poesie Spaß machte, verbrachte er seine Schulzeit doch mehr mit Tagträumereien, da seine eigentlichen Interessen, das Meer, Mythologie und Astronomie, zu kurz kamen – sein Vater erklärte ihm die Sternbilder, und er besaß später immer ein Teleskop. Der kleine Milles war fasziniert von Geschichten über die Seefahrt, und wenn er die Schule schwänzte, war er sicher am Hafen

Carl Milles stellte seine Bronzeplastiken oft so auf, daß sie mit einer Wasseroberfläche kontrastierten oder, wie »The Hand of God« (oben), als dunkle, expressive Silhouette in den Himmel ragten. Milles hatte eine besondere Vorliebe für Springbrunnnen: der »Triton Fountain« (gegenüber) wird von der Loggia der oberen Terrasse in Millesgården eingerahmt.

anzutreffen, wo er den Seeleuten zusah, wie sie ihre Ladung an Land brachten, und ihre Gespräche belauschte. Die Themen Mythologie, Astronomie und Seefahrt waren es auch, die sich wie ein roter Faden durch sein späteres Werk zogen.

Die eigentlichen Lehrjahre begannen nach der Schulzeit. Im Alter von sechzehn Jahren begann Milles eine Ausbildung als Schreiner und absolvierte auf der Abendschule Modellier- und Schnitzkurse. Milles war gerade Anfang Zwanzig, als ihm die Schwedische Gesellschaft der Künste und des Handwerks einen Preis verlieh, der ihm die stattliche Summe von zweihundert Kronen einbrachte. Für das Geld erwarb er eine Schiffspassage nach Santiago de Chile, kam aber nie dort an. Milles hatte seine Reise in Paris unterbrochen und war sofort hingerissen von der französischen Hauptstadt. Als seine Ersparnisse zur Neige gingen, begann er als Schreiner und Sargmacher zu arbeiten; in seiner freien Zeit studierte er nun ernsthaft. Er ging in den Louvre und verbrachte Stunden bei den antiken und modernen Skulpturen, ohne jedoch Skizzen anzufertigen. Vielmehr versuchte er, sich die Kunstwerke einzuprägen. »Nach einer Zeit begannen meine Finger, sich ganz unfreiwillig zu bewegen, als wollte ich die Kunstwerke kopieren. Auf diese Weise prägte ich mir die ganze griechische und ägyptische Sammlung ein.« Er studierte die Tiere im Jardin des Plantes, besuchte Anatomiekurse an der École des Beaux Arts und Vorlesungen über Astronomie, die der berühmte Camille Flammarion an der Sorbonne hielt. Bei einer Begegnung mit dem Bildhauer Auguste Rodin konnte Milles den Meister dazu überreden, ihn als Schüler in sein Atelier aufzunehmen.

Im Jahr 1900 brachte die Weltausstellung die Kunst Asiens, Afrikas und Amerikas dem französischen Volk näher. Begierig nahm Milles alles in sich auf, von der Bildersprache der amerikanischen Indianer über die indischen Bodhisattvas und Keramik aus China bis hin zu präkolumbischer Kunst, die später so große Bedeutung für das Werk Frida Kahlos erlangen sollte (siehe S. 34ff.). Schließlich gab er seine Arbeit als Schreiner auf und begann, unter dem eklektischen Einfluß von Weltkunst, klassischer Bildhauerkunst und dem Werk Rodins, eigene kleine Skulpturen zu gestalten – Tiere, Tänzer und Alltagsfiguren wie Bettler oder Milchlieferanten.

Für den Zeitraum von sieben fruchtbaren Jahren blieb Milles in Paris. Seine Arbeiten wurden vom Pariser Salon angenommen und, nachdem er 1925 mit dem Grand Prix ausgezeichnet worden war, hatte er eine Einzelausstellung an der Tate Gallery in London; größere Ausstellungen in Deutschland und den USA folgten. 1927 schrieb ein Kritiker über die Londoner Ausstellung: »Seine ersten Arbeiten stehen sichtlich unter dem Einfluß Rodins, während seine reiferen Objekte völlig frei verfah-

ren in ihrem Rückgriff auf die griechische Archaik, die mittelalterliche Scholastik, den Heroismus der Renaissance und die pathetische Theatralik des Barock.«

In der Zwischenzeit hatte Milles eine österreichische Portraitmalerin, Olga Granner, kennengelernt und nach fünfjähriger heimlicher Verlobungszeit geheiratet. 1906 kaufte das Paar ein Grundstück in Lidingö; sie bauten ein Haus, dem ein Atelier angegliedert war, und machten sich daran, den Garten zu gestalten. Der Plan für dieses Refugium am See stammte von dem Architekten Carl M. Bengtsson, der die Anlage 1906 auf einem Aquarell dargestellt hat. Es zeigt ein Herrenhaus mit weit ausladendem Dach, das über einem fast leeren Garten auf einer Anhöhe steht. Carl und Olga Milles brauchten fünfzig Jahre, um das fruchtbare Nebeneinander von Pflanzen und Landschaft, Architektur und Skulptur entstehen zu lassen. Gleich nach Fertigstellung des Hauses fügte Carls Halbbruder Evert dem Bau einen langgezogenen Säulengang hinzu. Das Magazin *Vogue* beschrieb 1918 dieses Ensemble als »einen der bezauberndsten Gärten ... im Besitz des jungen schwedischen Bildhauers Carl Milles«. Auf Schwarweißfotografien aus dieser Zeit sind die Kiefern, Birken und Weiden noch als zierliche, kleine Bäume zu sehen, während sich unter dem mit römischen Ziegeln gedeckten Dach des Säulengangs bereits üppiges Grün ausbreitet. Die Steinstufen, die zum Säulengang hinaufführten, setzte Milles in die blanke Erde, so daß in den Ritzen und Zwischenräumen Gras wachsen konnte. Und die Mauern aus roh behauenem Stein, die den Säulengang begrenzten, umsäumte zugeschnittenes Buschwerk, das in speziell entworfenen weißen Schalen wuchs. Diese ganze Szenerie spiegelte sich wider in dem rechteckigen Wasserbecken mit der Plastik »Susanna Fountain« in seiner Mitte. Es war eine klassisch italienische Szenerie in einer klassisch nordischen Umgebung.

Die regelmäßigen Italienreisen des Paares sollten ihre häusliche Umgebung noch stärker verändern. Nach dem Bau des Säulengangs wurde die skandinavische Inneneinrichtung in neoklassizistischem Stil umgestaltet. Angeregt von den Mosaiken in Pompeji, entwarf das Paar Mosaikfußböden für mehrere Räume; die Wände wurden mit Marmor verkleidet und mit Säulen und Pilastern verziert. Ein an den Westflügel des Hauses angebauter Trakt im Stil der italienischen Renaissance, der ein Atelier und mehrere Gästezimmer beherbergte, war mit Arkaden dekoriert, die Säulen von korinthischen Kapitel-

Selbst während seines zwanzig Jahre dauernden Amerikaaufenthalts tauschte sich Milles im Briefwechsel mit Freunden ständig über den Ausbau seines Gartens aus und kümmerte sich um die Aufstellung von Werken wie »Angel Musicians« (links).

len bekrönt. In einem der Räume gab es sogar ein Fresko, das den Golf von Neapel zeigte. Carl Milles war sechsundfünfzig Jahre alt und hatte sich über einen Zeitraum von fast einem Vierteljahrhundert mit seinen Skulpturen und seinem Garten beschäftigt, als sein Leben eine ungeahnte Wende nahm.

Angeregt vom Werk William Morris' (siehe S. 52ff.) gründete der Zeitungsmagnat George Booth die Cranbrook-Kunstakademie in Bloomfield Hills in der Nähe der Stadt Detroit. An ihr sollten angehende Künstler und Kunsthandwerker studieren, und Milles wurde dazu eingeladen, das Fach Bildhauerei zu betreuen. Obwohl er die Vereinigten Staaten nur von einem ein Jahr zurückliegenden Besuch her kannte, sagte Milles zu und zog zusammen mit seiner Frau Olga in das neue Domizil in Cranbrook, das für die nächsten zwanzig Jahre ihr Zuhause sein sollte. Er arbeitete mit Bildhauern wie Duane Hanson zusammen und entwickelte sein eigenes Werk weiter: Seine Arbeit »Diana Fountain« wurde in Chicago aufgestellt (und später von der University of Illinois gekauft); das wuchtige »Peace Monument« wurde in St. Paul im Staat Minnesota enthüllt, »Man and Pegasus« in Des Moines im Staat Iowa und der »Fountain of Faith« im National Memorial Park im Staat Virginia.

Aber obwohl der schwedische Bildhauer permanent mit neuen Aufträgen bedacht wurde und die Atmosphäre in Cranbrook als sehr anregend empfand, blieb doch, wie einer seiner Freunde es ausgedrückt hat, Lidingö »der Ort seiner Träume«. Aus dem weit entfernten Michigan führte er Verhandlungen und erwarb benachbarte Grundstücke. Alljährlich kehrte er mit seiner Frau Olga zurück, um den Sommer dort zu verbringen und den Ausbau des Gartens zu überwachen. Sogar über das Jahr 1945 hinaus, als er längst amerikanischer Staatsbürger war, stand der Unterhalt von Millesgården in der Korrespondenz mit Freunden immer im Mittelpunkt. Schließlich verließ Milles 1951 Amerika, um nun abwechselnd in Lidingö und in Rom zu wohnen, wo ihm die Amerikanische Akademie ein Atelier eingerichtet hatte. Im Jahr 1955 starb er in Lidingö, und Olga Granner ließ ihn in seinem Garten bestatten. Kurz vor seinem Tod sah er in einer Vision seine eigene Wiedergeburt: »Ich werde eine Seerose sein, treibe auf der Oberfläche des Hacka-Sees, im Uppland meiner Kindheit, wo Vögel, Schwalben und Libellen über den Felshängen schweben – auf einer Seite tiefer Wald, daneben eine Wiese, auf der eine oder zwei Kiefern wachsen.«

Der an klassischen Vorbildern orientierte »Sunsinger« (gegenüber) und andere auf hohen Sockeln plazierte Plastiken schufen eine italienische Atmosphäre in Millesgården. Nach seinem Tod wurde Carl Milles im eigenen Garten bestattet, neben seiner die Schwerkraft herausfordernden Statue »Man and Pegasus«.

Barbara

Hepworth

(1903–1975)

Der von einer schnaubenden Lokomotive gezogene Nachtzug von London an die Südwestküste Englands brauchte in der Nachkriegszeit noch Stunden, ehe er Saint Ives in Cornwall erreichte. In den fünfziger und sechziger Jahren gehörte Barbara Hepworth, die in Yorkshire geborene Bildhauerin, zu den Passagieren, die diese lange Reise in die Nacht regelmäßig unternahmen. Eine Zigarette in der Hand, starrte sie auf die sich eintrübende, vom Zugfenster umrahmte Landschaft: die abstrakte Silhouette eines Hügels, die schwere, gedrungene Form einer Scheune und plötzlich, wenn der Zug in einen Tunnel fuhr, ihr eigenes Spiegelbild. Die Mitreisenden kannten ihr trotz der Falten altersloses Gesicht nicht, wenn aber ein freundlicher Schaffner ihren Namen aussprach, zeigte sich unweigerlich ein wohlwissendes Lächeln auf den Gesichtern in ihrem Abteil. Immerhin gehörte Barbara Hepworth zu den führenden abstrakten Bildhauern Englands, und ihre Werke waren vor neu errichteten Gebäuden in London und New York zu sehen.

Zurück in den August des Jahres 1939, als Großbritannien kurz vor dem Krieg stand und Barbara Hepworth in London wohnte und arbeitete. »Mein Atelier bestand aus einem bunten Neben- und Durcheinander von Kindern, Zuckerstangen, Skulpturen, Bäumen, aufdringlichen Blumen und aufgehängter Wäsche«, erinnerte sie sich. Es hatte auch ein Glasdach, und als die Leute hinter vorgehaltener Hand von möglichen Luftangriffen sprachen und davon, daß sie sich in ihren Gärten Luftschutzbunker bauen wollten, machte sich Barbara Hepworth doch zunehmend Sorgen darüber, daß sie mit vier kleinen Kindern unter einem fragilen Glasdach wohnte. Ihr ältester Sohn Paul hatte gerade seinen zehnten Geburtstag hinter sich, und die Drillinge Simon, Rachel und Sarah waren noch nicht einmal fünf Jahre alt. Eine Woche vor Kriegsbeginn flohen Barbara Hepworth und ihr Mann, der Maler Ben Nicholson, mit den Kindern aus London.

Zielpunkt ihrer Flucht war Saint Ives, wo sie kurz nach Mitternacht in ihrem kleinen, klapprigen Automobil ankamen. Es regnete, die Kinder waren erschöpft und Hepworths Stimmung auf dem Tiefpunkt. Nach den saftiggrünen Weiden und den bewaldeten Tälern der angrenzenden Grafschaften Somerset und Devon erschien ihr Cornwall trostlos und karg. Vom Meer wehte ein beständiger Wind, vor dem sich rauhe Weißdornsträucher, die in dem steinigen, von Granit durchsetzten Boden nur ein kümmerliches Dasein fristeten, in die Moorlandschaft duckten. Mit Flechten überwachsene Bruchsteinmauern zogen sich durch das Land bis zur Küste, und dort, auf den steil abfallenden Klippen, auf einer Höhe mit den im Sturm kreisenden Eisvögeln, konnte man die unter dem Stechginster versteckten weißen Blüten des Leimkrauts gerade noch erkennen. In Saint Ives, das keine dreißig Kilometer von Land's End, dem westlichsten Punkt Englands, entfernt liegt, gab es einen natürlichen Hafen, in dem Fischerboote auf dem Wasser schaukelten. In Friedenszeiten füllten sich die Straßen mit Touristen, aber in jener Nacht, als der Regen auf das Labyrinth der Gassen niederpeitschte, wirkte die Stadt grau und kalt unter ihren dunklen Schieferdächern. Verglichen mit dem großstädtischen Getriebe Londons, erschien die Aussicht auf ein Leben in Cornwall nicht gerade vielversprechend.

Hepworth faßte bald wieder neuen Mut. »Am nächsten Morgen sah ich erst, wie schön es hier war, wie vertraut die Menschen miteinander umgingen. Ich wußte, ich würde Arbeit finden, die Kinder großziehen und am

Barbara Hepworth, eine der führenden abstrakten Bildhauerinnen Englands (oben zusammen mit ihrer Skulptur »Curved Form [Trevalgan]«), arbeitete in ihrem Garten in Saint Ives, bestückte ihn nach und nach mit Bäumen, Blumen und ihren markanten Skulpturen wie »Torso II (Torcello)« (links), vollendet im Jahr 1958. Der Garten war übersät von Holzspänen und Steinsplittern.

Gemeinschaftsleben teilnehmen, das mir bis heute sehr viel gibt«, erinnerte sie sich dreißig Jahre später. Sie hatte Saint Ives noch nie zuvor gesehen und blieb doch für ihr ganzes Leben dort.

Saint Ives hatte seine ganz eigenen Reize. Der Golfstrom machte es möglich, daß in den geschützt liegenden Gärten eine üppige, fast tropische Vegetation gedieh. Unmittelbar vor den Toren der Stadt brachen sich die Wellen des Atlantiks, und, im Gegensatz zum Smog Londons, war hier alles in jenes klare, durchsichtige Licht gehüllt, das schon eine frühere Generation von Künstlern angezogen hatte. In den achtziger Jahren des 19. Jahrhunderts hatte sich eine Gruppe von Künstlern im benachbarten Ort Newlyn niedergelassen und dort eine eigene Schule begründet. Eine weitere Gruppe von Malern rief 1888 den Kunstclub von Saint Ives ins Leben. Walter Sickert und der Amerikaner James Whistler kamen unmittelbar nach dem englischen Aquarellmaler Joseph Turner, der Saint Ives gegen Ende des 19. Jahrhunderts besucht hatte. Kurz vor dem Krieg, als die Sardinenfänge zurückgingen und die Fischindustrie darniederlag, kam eine neue Welle von Künstlern, darunter auch solche, die von Barbara Hepworth angezogen wurden. In den Speichern, die zur Aufbewahrung und zum Trocknen der Fischernetze gedient hatten, und in den ehemaligen Fischkellern richteten sie ihre Ateliers und Werkstätten ein.

Im Lauf der folgenden drei Jahre führte Hepworth einen Kindergarten und bearbeitete ihr eigenes Stück

Wegen der günstigen Lichtverhältnisse und des angenehmen Klimas ließen sich viele Künstler in Cornwall nieder; nur wenige aber drückten in ihren Werken die Kraft und die Zuversicht aus, wie sie in »Two Forms (Divided Circle)« (oben) zum Ausdruck kommen. Barbara Hepworth kam 1939 nach Saint Ives und blieb für ihr ganzes Leben in ihrem Haus mit dem ummauerten Garten (rechts).

Land, das zwei Ernten im Jahr erbrachte und den Speisezettel um Pilze und Salat bereicherte. Daneben kümmerte sie sich um ihre eigenen Kinder: »Drei Kinder im gleichen Alter wollen alles zur gleichen Zeit, aber jedes für sich.« Ihrer eigentlichen Arbeit als Bildhauerin konnte sie nur an den Abenden nachgehen, gegen den Widerstand der Nachbarn, die sich über das Hämmern ständig beschwerten. 1942 bezog die Familie ein größeres, »Chy-an-Kerris« genanntes Haus, wo Barbara ein eigenes Atelier und genügend Platz im Garten hatte. Sieben Jahre darauf, nachdem sie sich von ihrem Mann getrennt hatte, kaufte sie das »Trewyn« genannte Haus im Zentrum von Saint Ives.

Dieses Haus und der dazugehörige Garten waren ein Segen. »Da war ich also nun, mitten in Saint Ives. Mit einem Garten, einem Hof, in dem ich arbeiten konnte, nur mit der Sonne oder dem Mond über mir, und mit Träumen von großen Kunstwerken und der Freiheit, sie zu verwirklichen. Niemand in meiner Umgebung beschwert sich über die Geräusche, die meine Arbeit nun einmal verursacht. Der Laden, in dem ich meine Werkzeuge kaufe, ist nur neunzig Meter weit entfernt, und ich kann den ganzen Tag in Arbeitskleidung herumlaufen.« Barbara Hepworth hatte endlich ihr Zuhause gefunden.

Sie war schon oft an dem Haus vorübergegangen, ohne zu bemerken, daß hinter den Mauern von Trewyn, im Schatten des Kirchturms von Saint Ives, ein Garten versteckt lag. Über dem kleinen, ummauerten Garten mit seinen kühlen, grünen Nischen tönten die klagenden Schreie der Möwen. Auch ohne die außergewöhnlichen Skulpturen gab es in dem Garten einiges zu sehen. Es drängten sich förmlich darin Gingkos, Blutbuchen, Türkische Eichen und Pflaumenbäume, Neuseeländischer Flachs und buschgroßer Mexikanischer Salbei.

Ein Pfad, der mit heimischen Granitplatten gepflastert war, beschrieb auf seinem Verlauf durch den Garten eine Acht. An der Spitze der Acht umschatteten große Bäume, Bambus und Büsche den Pfad und wetteiferten um das an dieser Stelle knappe Licht. Nahe des Zentrums der Acht lag ein kleiner Seerosenteich, umstanden von einem Erdbeerbaum, einem riesigen Magnolienstrauch und spitzblättrigen Cordyline-Palmen. Am Ende der Ziffer erstreckte sich eine kleine Rabatte neben einer Fuchsienhecke und einer strahlend weißen Wand. In der Rabatte blühten bunt durcheinander Fuchsien, Schmucklilien, Japanische Anemonen, Geranien und Rosen. Die Pflanzen wie die Skulpturen verliehen dem Garten eine mediterrane Atmosphäre.

Barbara Hepworths Geburtsort lag in einer weit herberen Landschaft. Ihr Vater war als Ingenieur für die Straßen und Brücken der zerklüfteten Region West Riding in Yorkshire zuständig gewesen, »ein Land strenger und wundervoller Kontraste«, wie Hepworth sich einmal ausgedrückt hat. Während der Schulferien reiste sie, aus-

gerüstet mit einem Zeichenblock, mit ihrem Vater über Land und hörte ihm aufmerksam zu, wenn er von den Meisterleistungen der Ingenieurskunst berichtete, einer Brücke über einen Fluß oder einer Straße durch schwieriges Gelände. In den sechziger Jahren arbeitete Barbara Hepworth an der monumentalen, sechs Meter hohen Skulptur »Single Form«, die dem ehemaligen Generalsekretär der Vereinten Nationen, Dag Hammarskjöld, gewidmet war; in dieser Zeit erinnerte sie sich an ihren Vater, den Ingenieur. »Ich mußte mir alles ins Gedächtnis rufen, was mir mein Vater über Spannung erzählt hat, über Belastung, Schwerkraft und Windstärke.«

In ihrer Schulzeit war Hepworth sehr gut in Mathematik und besonders Geometrie, wenn auch Zeichnen, Tanz, Musik und Kunsterziehung ihre große Leidenschaft waren. Schon im Alter von sechzehn Jahren hatte sie für sich entschieden, daß sie Bildhauerin werden wollte. Mit siebzehn erhielt sie ein Begabtenstipendium an der Kunstakademie in Leeds, wo sie jene andere zentrale Figur der britischen Bildhauerkunst, den ebenfalls aus Yorkshire stammenden Henry Moore (siehe S. 16ff.) kennenlernte. Wie Moore erhielt auch sie ein Stipendium am Royal College of Art in London und ein Reisestipendium – Hepworth ging nach Italien, wo allerdings keine einzige Skulptur unter ihren Händen entstand. Die zielstrebige und entschlossene Bildhauerin hatte ihren künstlerischen Werdegang genauestens geplant: Nach erfolgreicher Ableistung der Lehrjahre sollten nun die Wanderjahre folgen. Sie kam nach Florenz, Siena, Lucca und Arezzo, wo sie die klassische Kunst Italiens studierte; in den Marmorsteinbrüchen von Carrara erlernte sie die traditionellen Methoden des Marmorabbaus und die erforderlichen Techniken, die riesigen Blöcke zu bewegen.

Mit zweiundzwanzig Jahren heiratete Barbara Hepworth den Bildhauer John Skeaping und ließ sich mit ihm in Rom nieder. 1926 kehrte das Paar nach London zurück, wo sie in engem Kontakt zu Künstlern wie Henry Moore

Hepworths Skulpturen teilten sich den Platz im Garten mit der subtropischen Vegetation, die dort gedieh, darunter Palmen, Gingkos, Palmlilien und Cordyline-Palmen. Der kleine Garten bot den passenden Rahmen für so unterschiedliche Arbeiten wie »Figure for landscape« (links) und »Corymb« (oben).

Gesehen durch »Two Forms (Divided Circle)« (oben) wirkt Hepworths Garten heute sauber und aufgeräumt, während er früher von Holzspänen und Steinsplittern übersät war. Die bedingungslose Geometrie der großen Bronze »Foursquare (Walkthrough)« (ganz oben) wird noch betont durch den Kontrast zu den organischen Formen in der Umgebung der Skulptur.

und Ivon Hitchens lebten und arbeiteten. Als sie Ben Nicholson begegnete, war ihre Ehe mit John Skeaping fast am Ende; sie machte die Bekanntschaft mehrerer zeitgenössischer Künstler wie Constantin Brancusi, Georges Braque, Pablo Picasso, Piet Mondrian und Sophie Taeuber-Arp. Als sie nach Saint Ives zog, stand sie kurz davor, Englands berühmteste Bildhauerin zu werden.

Kaum hatte sie sich in ihrem Garten und dem neuen Atelier eingewöhnt, reiste sie schon wieder kreuz und quer durch England zu den Einweihungen ihrer Skulpturen, in deren Titeln sich im Lauf der Zeit immer öfter vielsagende Bezüge zu ihrer Heimat Cornwall einstellten: »Curved Form (Trevalgan)«, »Hollow Form (Penwith)«, »Sea Form (Porthmeor)«. Obschon sie diese Reisen genoß, kehrte sie immer wieder gern in ihren doch sehr unenglischen Garten in Cornwall zurück. In regelmäßigen Abständen öffnete sie ihren Garten und das Atelier für Besucher. Ein Besucher erinnerte sich an das Objekt, an dem sie gerade arbeitete: Der Garten war »übersät von Holzspänen und Steinsplittern und mit großen Holzblöcken, die überall herumlagen. Zu jener Zeit war der Garten nicht gerade sehr ordentlich.«

Hepworths rein abstrakt-geometrische Werke wurden mit jedem neuen Auftrag immer monumentaler. Für den Durchschnittsbürger auf der Straße waren sie schwer verständlich. Sie selbst beschrieb ihre Skulpturen als »dreidimensionale Verkörperung elementarer Gefühle. Berührung, Oberfläche, Umfang und Größe, Härte und Wärme spielen eine Rolle. Es sind Kompositionen, die Mut machen zur Bewegung, zum Leben und zur Liebe.« Eine ihrer eindringlichsten Arbeiten, »Madonna and Child«, entstand als Denkmal für ihren ältesten Sohn Paul, der als Luftwaffenpilot bei einem Flugzeugabsturz 1953 in Thailand ums Leben kam. Es erhielt seinen Platz in der Kirche von Saint Ives, ganz in der Nähe ihres Gartens.

Während Moores Arbeiten von der belebten Natur, von Lebewesen ausgingen, ließ sich Hepworth von ihren Gefühlen und der Landschaft inspirieren: Lange bevor sie sich in Cornwall niederließ, hatte ein Kritiker Gemeinsamkeiten gesehen zwischen ihren klaren, weit ausgreifenden geometrischen Formen und den prähistorischen Steinen und Dolmen in Cornwall und der Bretagne.

Mehr als fünfzig Jahre lang führte sie die Werkzeuge des Bildhauers mit demselben Fingerspitzengefühl, mit dem sie auch ihren Garten pflegte. »Meine linke Hand ist die Denkhand. Die rechte Hand ist nur wie ein Motor. Sie hält den Hammer. Die linke Hand, die Denkhand, muß entspannt sein und empfänglich. Die Rhythmen der Gedanken gleiten durch die Finger ... in den Stein. Die linke Hand ist auch eine Hand, die hinhören kann. Sie hört darauf, ob es Sprünge im Stein gibt, darauf, ob nicht plötzlich ein Stück abbrechen kann.« Einmal bekam sie die Gelegenheit, die Operation an der Hand eines

Menschen zeichnerisch festzuhalten, und machte dabei eine bereichernde Erfahrung: »Da war die unbewegte, schlafende Hand und die aktive, bewußt agierende Hand: Das Verhältnis der beiden Hände war so schön, daß ich von da an die Gesichter und Hände von Menschen, wenn sie sich unterhalten, die Art, wie ein Baum, ein Blume wächst, in einem völlig neuen Licht sah.«

Es gibt zwei vielsagende Fotografien von Barbara Hepworth, aufgenommen im Abstand von sechsundvierzig Jahren. Die erste stammt aus dem Jahr 1926. Sie steht neben ihrem damaligen Ehemann John Skeaping, der Arbeitskleidung trägt und, die kräftigen Arme verschränkt, voller Selbstbewußtsein in die Kamera blickt. Sie selbst dagegen wirkt in ihrem einfachen, gerade geschnittenen Kleid, das dichte braune Haar straff nach hinten gebunden, die Hände verschämt auf dem Rücken, wie eine schüchterne dreiundzwanzigjährige Frau, die sich über ihre weitere Zukunft noch sehr unsicher ist. Auf dem zweiten Foto, das sie als Neunundsechzigjährige zeigt, steht sie, die unvermeidliche Zigarette zwischen den Fingern, neben einer ihrer berühmten »durchbohrten« Skulpturen. Ihre Hände, schmerzend vor Gicht und faltig, stützen sich auf die rauhe Oberfläche des Steins. Die Krähenfüße in den Augenwinkeln weisen darauf hin, daß sie gern lacht, und die tiefen Falten auf der Stirn sprechen von Stärke und Selbstvertrauen. Sie ist zur selbstbewußten Frau gereift, erfüllt von Stolz auf ihre Lebensleistung.

Drei Jahre nach Entstehung dieses Fotos kam Barbara Hepworth an einem Maiabend bei einem Brand in Trewyn ums Leben. Sie hatte ihren Garten und ihr Atelier dem Staat vermacht. Fünf Jahre nach ihrem Tod wurde beides zusammen, wie es ihrem letzten Willen entsprach, der Öffentlichkeit übergeben.

»Riverform« (Flußform, oben) wurde neben einer Gruppe von Japanischen Anemonen und Rosen plaziert. Diese einfühlsame Arbeit ist ein Bronzeabguß einer Monumentalskulptur, die Hepworth aus amerikanischem Walnußholz geschnitzt hatte. Die Künstlerin sah ihr Werk in engem Zusammenhang mit ihren Emotionen und der sie umgebenden Landschaft. »Vielleicht wurde das, was wir sagen wollen, bereits in den Tagen der Kindheit vorgeprägt, und wir versuchen ein ganzes Leben lang, es auszudrücken.«

Frederick Carl

Frieseke

(1874–1939)

»Da es kaum Konventionen in Frankreich gibt, kann ein Künstler malen, wonach ihm der Sinn gerade steht. Ich kann eine Nackte in meinem Garten malen oder im Fischteich und werde dennoch nicht aus der Stadt getrieben.« Das schrieb der amerikanische Künstler Frederick Frieseke im Jahr 1914, um seinen verlängerten Aufenthalt in Giverny zu rechtfertigen. Er hätte auch hinzufügen können, daß sein Nachbar Claude Monet ein zusätzlicher Grund zum Bleiben war.

Frieseke verbrachte – als Amerikaner in einem Kreis anderer Amerikaner – fast sein ganzes Leben in Frankreich und gehörte dort zu einer Gruppe schillernder Persönlichkeiten, die ebenso schillernde Gemälde hervorbrachten. Da es nicht zuletzt auch sein Verdienst war, daß der Impressionismus als Malstil weite Verbreitung fand, war er in Künstlerkreisen fast zu einer Berühmtheit in Europa und Amerika geworden. Zur Zeit der Jahrhundertwende machte er sich hauptsächlich die ornamentalen und sentimentalen Qualitäten dieses Stils zu eigen, der in der Folge unter der Bezeichnung »Dekorativer Impressionismus« bekannt werden sollte. Frieseke hinterließ eine Reihe von Gemälden, auf denen der Zauber eines sonnendurchfluteten Cottagegartens lag. Von einem breiten Publikum wurde er hauptsächlich für seine Interieurs und Landschaften bewundert, die großzügig mit Lichteffekten spielten, und ganz besonders für seine Darstellungen von Frauen, die eine lebendig schimmernde Atmosphäre vermittelten. Denn Frederick Carl Frieseke malte nicht nur die im Stil der Zeit gekleidete Frau, sondern auch die im Stil der Zeit unbekleidete Frau, die sich auf einer Wiese im Garten wohlig in der warmen Sonne räkelt, nackt und mit nichts als dem Spiel von Licht und Schatten auf ihrer Haut.

Im Lauf einer langen Karriere erhielt Frieseke zahlreiche Auszeichnungen und Ehrentitel, die ihm internationale Anerkennung einbrachten. Er wurde zum Ritter der Ehrenlegion der Nationalen Gesellschaft der Schönen Künste in Paris ernannt; 1906 wurde er in München mit einer Goldmedaille ausgezeichnet; 1915 erhielt er den Grand Prix für Malerei bei der Panama-Pazifik-Ausstellung in San Francisco und 1922 eine weitere Goldmedaille vom Art Club in Philadelphia. Auch in Italien wurde sein Talent anerkannt: Bei der Biennale von Venedig im Jahr 1909 wurde seinem Werk ein eigener Raum gewidmet, danach war es noch zweimal zu sehen, 1911 bei der Internationalen Ausstellung in Rom und 1912 bei der Weltausstellung in Turin. Sein im Jahr 1914 entstandenes Gemälde »Autumn« aus einer Serie sinnlicher Frauenakte stieß auf kritischen Beifall, als es das Museum für Moderne Kunst in Venedig kaufte und zeigte. Während die internationale Kunst neue Stile und Richtungen entwickelte, hielt Frieseke unbeeindruckt und unbeirrt an seinem impressionistischen Malstil fest, und das nicht unbedingt zu seinem Schaden; in einem Artikel des Magazins *Art Digest* hieß es sogar: »Frieseke ist der vielleicht weltweit bekannteste Maler Amerikas.« Genau zu jenem »weltweit bekanntesten« Maler wurde er nicht zuletzt aufgrund eines friedvollen Gartens in Giverny, der sein Freiluftatelier war und stimmungsvoller Hintergrund vieler seiner Gemälde.

Im Jahr 1887 kaufte einer der frühen Vertreter des amerikanischen Impressionismus, Theodore Robinson, ein Haus in einem kleinen Dorf fünfundsechzig Kilometer nordwestlich von Paris, und für die folgenden sechzig Jahre sollte das Dorf, Giverny, zu einem Treffpunkt für Künstler aus der ganzen Welt werden. Das Gros von

Frederick Frieseke (oben), hier eher wie ein spröder Gelehrter wirkend, war als Maler ein sinnlicher Mensch. In den dreißiger Jahren des 20. Jahrhunderts war er einer der bekanntesten amerikanischen Maler und verdankte seinen Erfolg zu einem großen Teil seinem Garten in Giverny (links), in dem Akanthus, Stockrosen und Silberkerzen (Cimicifuga racemosa) *blühten.*

ihnen stellten aufstrebende amerikanische Maler, die gekommen waren, um Robinsons unmittelbaren Nachbarn, den berühmten Claude Monet (siehe S. 134ff.), aus der Nähe zu erleben. Monet, der immer noch von früh bis spät an der Staffelei stand, zog sich mehr und mehr zurück, um der Meute zu entgehen.1892 kehrte Robinson in die Vereinigten Staaten zurück, und 1906 zog Frederick Frieseke in sein Haus als Mieter ein. Er sollte fünfzehn Jahre lang dort leben und ein gutes Verhältnis zu seinem berühmten Nachbarn aufbauen. Das Haus war eines jener für die Normandie typischen kleinen Anwesen mit einer hohen Mauer um einen alten blühenden Garten. Friesekes Frau Sarah, Sadie genannt, machte sich sogleich daran, den Garten nach ihren eigenen Vorstellungen umzugestalten. Eine der ersten Bewohnerinnen der amerikanischen Künstlerkolonie, die selbst

Blumen in ihrem Garten zog, war eine Malerin namens Mariquita Gill. Sie pflanzte weiße Lilien, Rosen, Stockrosen und Mohn. Sadie folgte ihrem Beispiel, indem auch sie einen farbenprächtigen Ziergarten anlegte. Die weiße Lilie, *Lilium regale*, war eine Neuzüchtung, die schnell populär wurde, während die Stockrose schon in mittelalterlichen Klostergärten zu finden war. Nun eroberte diese beinahe in Vergessenheit geratene Sommerblume die Gunst der Gartenfreunde zurück. »Aus Samen gezogene Pflanzen sind weitaus robuster als Ableger, so daß wir diese stattliche Blume nun in unseren Gärten bewundern können, ohne uns mit der Sorge zu tragen, wie wir sie überwintern«, versicherte ein Samenhändler in seinem Katalog aus dem Jahr 1892. Spaliergitter, ein weiteres Charakteristikum des mittelalterlichen Gartens, erlebten im späten 19. Jahrhundert ebenfalls ein Comeback, und Sadie Frieseke stellte das filigrane Gitterwerk aus feinen Latten, an dem Clematis, Rosen und

Auf Gemälden wie »Lilies« (gegenüber oben) versuchte Frieseke den vornehmen Geist einzufangen, der in der Zeit vor dem Ersten Weltkrieg in Frankreichs berühmtestem Dorf herrschte. In den Händen seiner Frau Sadie lag die Verantwortung für die Lilien (gegenüber unten) und für die dicht bepflanzten Blumenrabatten (oben) in Giverny.

die Passionsblume hochrankten, unmittelbar an die strahlend gelben Wände ihres Hauses. Da das Leben in diesem illustren Dorf immer kostspieliger wurde, zog Sadie ihr eigenes Obst und züchtete Gemüse unter den Obstbäumen und zwischen den Blumen. Die Grundstückspreise waren enorm hoch und stiegen unaufhörlich weiter, Grundnahrungsmittel waren teurer als in Paris, und an Obst war kaum heranzukommen. Einer der Künstler klagte: »Alle Preise wurden dem amerikanischen Geldbeutel angeglichen.«

Frieseke jedoch sah sich nicht dazu gezwungen, seinen Gürtel enger zu schnallen, denn er war 1874, in eine reiche in Orvosso im Staat Michigan ansässige Familie hineingeboren worden. Von 1893 bis 1895 hatte er am Chicago Art Institute studiert und danach für weitere zwei Jahre an der Art Student's League in New York.

tanischen Einstellungen geprägt. Der junge Frieseke fühlte sich in dieser Atmosphäre äußerst unwohl und, getrieben von dem Wunsch nach Veränderung, entschloß er sich, der Neuen Welt den Rücken zu kehren. 1898 schiffte er sich nach Frankreich ein.

Wie viele andere amerikanische Maler seiner Zeit ließ sich Frieseke in Paris nieder, wo er die Académie Julian besuchen konnte. Einer seiner Lehrer könnte auch der amerikanische Maler James McNeill Whistler gewesen sein, der eine eigene Malschule in Paris gegründet hatte und mit seiner exzentrischen und aufbrausenden Art zu einer stadtbekannten Künstlerpersönlichkeit geworden war. Die Palette gedämpfter Farben, deren sich Frieseke eine Zeitlang bediente, hat er ganz sicher von James McNeill Whistler übernommen, unabhängig davon, ob er sein Schüler war oder nicht. Frieseke kam im Jahr 1900 zum ersten Mal nach Giverny, ging dann aber in die Bretagne, wo sich eine weitere Kolonie von Künstlern zusammengefunden hatte. Aber immer war es das Dörfchen Giverny in der Normandie, von dem er sich am meisten angezogen fühlte, und als er und die aus Philadelphia stammende Amerikanerin Sarah O'Bryan im Jahr 1905 heirateten, entschied sich das Ehepaar für Giverny als Wohnort.

Diese 1875 als Reaktion auf die traditionelle Vorstellung der National Academy of Design gegründete unabhängige Kunstschule wurde nach streng demokratischen Grundsätzen geführt. Die Studenten bestimmten selbst, welche Kurse sie belegen wollten, und hatten zu ihren Lehrern ein eher freundschaftliches Verhältnis. Das soziale Leben im New York dieser Zeit war noch immer strengen Regeln unterworfen und von überwiegend puri-

Durch sein Geschick, Figur und Hintergrund beziehungsweise Umgebung aufeinander zu beziehen, gelangen Frieseke beeindruckende Effekte. Auf dem Bild »Frau im Garten« (oben) mischt sich das Streifenmuster im Kleid der Frau mit den Stielen der Schwertlilien, wodurch die Wirkung des Kleides und der Blumen wechselweise gesteigert wird.

Frieseke, ein impulsiver und wacher Geist und noch dazu sehr ehrgeizig, wußte immer, wie der Augenblick am besten zu nutzen war. Er hatte eine besondere Vorliebe für die detailreichen und schwelgerischen Blumenbilder von Henri Fantin-Latour; das in hohem Maß Dekorative an den Bildern Fantin-Latours brachte er nun mit der impressionistischen Farbgebung Pierre Auguste Renoirs (siehe S. 8ff.) zusammen. Stark beeinflußt von der Sinnlichkeit, die von Renoirs Frauenakten ausgeht, konzentrierte sich Frederick Carl Frieseke, ähnlich wie Renoir, auf die Rundungen des weiblichen Körpers und auf die sanfte Schönheit der rosigen Gesichter.

Seit dem Jahr 1890 war das Motiv der Frau in einem umschlossenen Garten, ob bekleidet oder unbekleidet,

zwanzig Jahre lang das Standardthema der ausländischen Maler in Giverny. In gewissem Sinn war das Thema der Nackten im Garten sogar schon durch die Tänzerin Isadora Duncan etabliert worden, die ebenfalls ein Haus in Giverny gemietet hatte und täglich, am frühen Morgen im taufeuchten Gras tanzte. Frauen blieben das beherrschende Thema in Friesekes Werk. Ein amerikanischer Malerfreund, Karl Anderson, portraitierte Frieseke beim Malen in seinem abgeschiedenen Garten: Frieseke trägt einen Sonnenhut, einen Kneifer, seine unvermeidliche Krawatte und einen locker sitzenden Malerkittel. Er konzentriert sich auf seine Pinselstriche, im Hintergrund posiert ein nacktes Modell.

Aber die friedvolle Idylle in den Gärten war nicht von Dauer. Drei Jahre später, beim Ausbruch des Ersten Weltkriegs, flohen die meisten Künstler aus Frankreich. Es gab Zeiten, da war die Front so nahe, daß der Donner des Artilleriefeuers die Fenster der Häuser erzittern ließ. Frieseke aber trotzte der Unbill der Zeit und malte, fest entschlossen zu bleiben, einfach weiter, während die erfinderische Sadie sich weiter um den Garten kümmerte – in dem sie sicherheitshalber das Familiensilber vergraben hatte. Sie war schon immer die Gärtnerin in der Familie, und Frieseke gestand offen ein: »Ich verstehe nichts von Gärten und habe mich als Maler auch nie mit Blumenstudien beschäftigt. Einzig und allein Blumen im Sonnenlicht interessieren mich ... wie man den vibrierenden Effekt wiedergibt. Wenn man auf eine Vielzahl von Blüten im Sonnenschein blickt, sieht man am Ende nur noch einzelne, funkelnde Farbtupfer; und genau die will ich malen.« Friesekes Garten bestimmte die Farben seiner Palette und ihre Leuchtkraft. Auf seinen Gemälden hat er die verschwenderische Fülle von Blumen und Blättern eingefangen und alles in ein warmes, grünlich schimmerndes Licht getaucht. Er übertrug die im

Auch als der Kanonendonner des Ersten Weltkriegs die Stille und den Frieden der Landschaft um Giverny unterbrach, fuhr Frieseke fort zu malen; seine praktisch veranlagte Frau Sadie vergrub das Familiensilber im Garten, um es vor den heranrückenden deutschen Truppen zu verstecken.

Garten und auf der Leinwand dominierenden Farben auch auf das Haus selbst, als er nämlich die Wände gelb und die Fensterläden sattgrün anstreichen ließ. Und wie sein Nachbar Monet, der eine blaugrüne Küche und ein gelbes Eßzimmer hatte, strich Frieseke die Wände seiner Küche tiefblau und sein Wohnzimmer zitronengelb.

Frieseke arbeitete nicht ausschließlich in seinem abgeschiedenen Garten. Es gab noch ein weiteres Freilichtatelier, in dem eine ganze Reihe von Gemälden entstand. Dieses Areal, das früher einmal zu einem Kloster gehört hatte, war im Dorf unter dem Namen »Fischteich« bekannt und lag ganz in der Nähe des Flusses, der durch Monets Garten floß und seine Seerosenteiche speiste. Frieseke genoß die Freiheit, in der er hier ungestört arbeiten konnte, während sein Modell, den Sonnenschirm griffbereit, sich auf einer Decke hinstreckte. Frieseke setzte Sonnenschirme oft als Requisiten ein, um die Komposition seiner Bilder zu bereichern. Sie lieferten den Anlaß zu zusätzlicher, in warmem Sonnenlicht glühender Farbigkeit und fokussierten und kontrastierten zugleich die darunter liegende Frau. Die streng strukturierte, geometrische Form des Sonnenschirms nutzte Frederick Carl Frieseke, um sie gegen das schillernde Blumenmeer des Gartens abzusetzen.

Wenn die dargestellten Frauen nicht nackt waren, trugen sie meist bunte Gewänder und Überwürfe mit aufwendigen Streifenmustern oder floralen Dessins – der Kimono galt bei den Impressionisten als exotisches und unerläßliches Accessoire. Frieseke plazierte seine Modelle ganz bewußt so, daß die dekorativen Muster der Kleider in einem Hintergrund von Blüten und Blättern nachhallten und sich gleichzeitig davon abhoben. »Frau im Garten«, ein Gemälde, das im Jahr 1912 entstand, demonstriert dieses Verfahren: Das Streifenmuster des Kleids der Frau geht unmerklich aus den Stielen der Blumen im Vordergrund hervor. Frieseke war schon fast ein Meister dieser zarten Balance zwischen dargestellter Figur und ihrer Umgebung. Durch eine besondere Methode der Farbmischung erreichte er die leuchtend gesprenkelte Bildoberfläche, auf der die Person, die Lichtwirkungen und die Umgebung des Gartens zu einer geglückten Einheit verschmolzen.

Aber vor allem anderen war es der sonnendurchflutete Garten in Giverny, der Friesecke inspirierte und um den sich seine Gedanken drehten. 1912 schrieb er: »Was mich seit acht Jahren am meisten interessiert, ist die Sonne, Blumen im Sonnenschein, Mädchen im Sonnenschein, das nackte Modell im Sonnenschein.«

Nach vierzehn Jahren verließ das Ehepaar Frieseke Giverny und ließ sich in Mesnil-sur-Blangy in der Normandie nieder. Hier konzentrierte sich Frieseke ganz auf die Portraitmalerei, und sein Stil entfernte sich vom rein Dekorativen, die Farben nahmen einen eher gedämpften Ton an. Nach seinem Tod im Jahr 1939 geriet er zu Unrecht schnell in Vergessenheit; doch sein arbeitsreiches Leben schlug sich in einem umfassenden Œuvre nieder, aus dem neben Interieurs immer wieder eine Ahnung jener besonderen atmosphärischen Stille aufsteigt, wie sie nur in den ländlichen Gärten Frankreichs anzutreffen war.

Die Rasselblume (Catananche caerulea)*, die hohe, gelbblühende Königskerze, Goldhafer (Stipa gigantea) und andere Ziergräser bevölkerten den Garten Friesekes und verliehen seinen Gemälden besonderen Reiz. Nach vierzehn Jahren als einer von vielen amerikanischen Nachbarn Monets verließen Frieseke und seine Frau Giverny, und der Künstler geriet in Vergessenheit.*

Gertrude

Jekyll

(1843–1932)

Die turmartigen Kamine und die Fenster eines aus grauem Stein errichteten Herrenhauses starren blind auf eine gepflasterte Terrasse, auf der sich zwischen den Steinplatten rosablühender Sauerklee und kleine Polster von Porzellanblümchen *(Saxifraga umbrosa)* angesiedelt haben. Die auf eine verwitterte Sonnenuhr ausgerichtete Terrasse ist umsäumt von Lavendel und Männertreu, schwer im Wind sich wiegenden Lilien und dem silbriggrauen, samtweichen Ziest. Ein gepflasterter Pfad, in dessen Mitte ein kleines Rinnsal verläuft, führt zu einer mit Rosen umrankten romantischen Pergola.

So stellen sich viele das Urbild des typisch englischen Gartens vor, obwohl es in der Wirklichkeit nur selten anzutreffen ist. Geprägt wurde dieses Idealbild von Gertrude Jekyll und Edwin Lutyens. Ihr gemeinsames Interesse vereinte diese Frau, eine frustrierte Künstlerin, und den jungen aufstrebenden Architekten in einer merkwürdigen Beziehung. Gertrude Jekyll, die in fortgeschrittenem Alter einmal als »liebes altes Mütterchen mit einem Dutt und langem lila Rüschenkleid« bezeichnet wurde, war ihr ganzes Leben von dem Wunsch beseelt, Künstlerin zu werden. Statt dessen wurde sie eine Künstlerin des Gartens und Englands bekannteste Gartenarchitektin.

Gertrude Jekyll verbrachte ihre Kindheit im Herzen Londons. Sie wurde 1843 als eines von sechs Kindern eines pensionierten Hauptmanns der Grenadiergarde und seiner reichen Frau, einer Bankierstochter, geboren. Die junge Gertrude entwickelte schon früh, mitten in der Großstadt, ein Interesse für Blumen. »Ich freundete mich mit den Gänseblümchen von Berkeley Square an und mit den Löwenzähnen in Green Park.« Als die Familie aufs Land nach Surrey zog, lernte die neunjährige Gertrude nicht nur, wie die wildwachsenden Blumen dort hießen, sondern auch, an welchen Stellen sie bevorzugt zu finden waren. Ihr Einfühlungsvermögen in die Pflanzenwelt schien über ein rein botanisches Interesse weit hinauszugehen: Sie sprach einmal von der tiefen mystischen Erfahrung, die sie in ihrer Kindheit machte, als sie in einer äußerst plastischen Vision ein mit gelben Schlüsselblumen übersätes Wäldchen sah.

Als William Nicholson Gertrude Jekyll portraitierte (oben), war sie siebenundsiebzig Jahre alt und England bekannteste Gartenarchitektin. Hätte sie nicht an einer unheilbaren Augenkrankheit gelitten, wäre aus ihr vielleicht auch eine berühmte Malerin geworden; statt dessen wurden Gärten, auch ihr eigener in Munstead Wood (links), zu ihrer Leinwand.

Die Familie Jekyll war kultiviert und wohlhabend: Die Mutter war eine begeisterte Hobbymalerin und leidenschaftliche Pianistin, die Unterrichtsstunden bei dem berühmten Komponisten Felix Mendelssohn-Bartholdy, einem Freund der Familie, bekommen hatte. Der Vater hatte äußerst fortschrittliche Vorstellungen von der Erziehung seiner Kinder: Er sah nicht ein, daß nur die Söhne, wie es in der Oberschicht üblich war, weiterführende Schulen besuchen sollten, während die Töchter sich mit der Rolle als Mutter und Hausfrau zufriedengeben sollten. So ermutigte er auch seine Tochter Gertrude in ihrem Vorhaben, Künstlerin zu werden. Mit siebzehn hatte sie sich an der Central School of Art im Londoner Stadtteil Kensington eingeschrieben. Im Alter von zwanzig Jahren unternahm sie nach bestandener Abschlußprüfung eine Reise in die Ägäis, wo sie eifrig Portraits malte, Landschaften und die klassischen Altertümer. Nach ihrer Rückkehr bildete sie sich im Bereich des Kunsthandwerks fort. Sie erlernte die Techniken der Einlegearbeit und des Vergoldens, übte sich im Schnitzen und Sticken. Ihre detaillierten Kenntnisse der Pflanzenwelt bestimmten auch hier ihre Motivwahl. Im Jahr 1869, nachdem sie den Mitbegründer der Arts-and-Crafts-Bewegung, William Morris (siehe S. 52ff.), kennengelernt hatte, entwarf sie eine Serie von Kissenbezügen, die mit Löwenzähnen, Misteln,

Granatäpfeln und Erdbeeren bestickt waren. 1880 wurden ihre Stickmuster in einem Handbuch veröffentlicht, zusammen mit den Arbeiten so führender Köpfe der kunsthandwerklichen Bewegung wie Morris, Edward Burne-Jones, Walter Crane und George Aitchison.

Jekyll war aber nicht nur eine vielbeschäftigte und produktive Künstlerin, sondern stets auch Gärtnerin. Reiste sie über Land, dann hatte sie immer ihren Zeichenblock im Gepäck und einen Sammelkorb für seltene Pflanzen. Sie hatte damit begonnen, Gärten zu planen und zu gestalten, als sie gerade Mitte Zwanzig war. Das war in einer Zeit, in der es in den höheren Kreisen Englands üblich war, mehrere Gärtner gleichzeitig zu beschäftigen. Ihre Hauptaufgabe bestand darin, Unmengen von Beetpflanzen zu ziehen und anzupflanzen. Die Samenlieferanten unterstützten natürlich diese Praxis, denn schließlich machten sie gute Geschäfte mit Astern, Levkojen, Primeln, Phlox und Löwenmaul. »Die große Beliebtheit dieser bunten Sommerbeete«, schrieb ein viktorianischer Großhändler für Blumensamen, »ist ein eindeutiger Hinweis darauf, wie wirksam diese Beete sind als visuelles Gegenmittel gegen die Schwermut, die uns auf dieser Insel mit ihrem besonderen Klima so oft befällt.« Jekyll sah in diesen Worten »trostloses Gerede«, das sie ablehnen mußte, denn sie selbst war viel phantasievoller in der Herstellung »visueller Gegenmittel«.

Ihr innovativer Ansatz stand in engem Zusammenhang mit ihrem geschärften Bewußtsein für Farbe. Einer ihrer Lehrer war der englische Aquarellmaler Hercules Brabazon, der sie wahrscheinlich auch mit den Arbeiten des französischen Chemikers Michel Eugène Chevreul bekanntmachte. Chevreul war Direktor einer französischen Firma, die Tapisserien herstellte; er entwickelte eine Farbpalette, um damit die Farbtöne zu bestimmen, die am besten zueinander paßten. Diese Palette unterteilte er anschließend in warme und kalte Farben und sprach auch gleich noch die Empfehlung aus, sie der Bepflanzung von Blumenrabatten zugrunde zu legen. Nach einzelnen Anwendungsversuchen in den fünfziger Jahren des 19. Jahrhunderts in verschiedenen Gärten Englands geriet sein System bald in Vergessenheit, aber die findige Miss Jekyll erkannte, welches Potential darin steckte, und machte sich die Farbpalette Chevreuls mit großem Erfolg zunutze. Sie war der Meinung, daß man Pflanzen, die zur selben Zeit blühen, auch nebeneinandersetzen sollte, fügte aber einschränkend hinzu: »Viele legen eine Rabatte in erster Linie der schönen Farben wegen an, sind sich aber nicht bewußt, daß der Effekt nur höchstens drei Monate anhält und der Platz danach nicht mehr optimal genutzt ist.« Ihre eigenen Staudenrabatten plante sie deshalb so, daß im Rhythmus von drei Monaten immer etwas blühte. Entstehende Lücken füllte sie mit »Notpflanzen« wie etwa eingetopften Lilien.

Jekyll reiste selten ohne ihren Zeichenblock. Sie zeichnete, malte und sammelte seltene Pflanzenarten. Dieses Aquarell, von ihr selbst mit dem feinsäuberlichen Schriftzug »Iris stylosa« (Iris unguicularis, *oben) versehen, ist ein typisches Beispiel für ihre Arbeit. Die Vorliebe ihrer viktorianischen Zeitgenossen für Blumenbeete in grellen Farben teilte sie nicht.*

Als ihr Vater 1876 starb, flüchtete sie sich in ihrer Trauer nach Venedig, wo eine ihrer Schwestern lebte. Sie kehrte zurück mit dem Entschluß, nun ihren eigenen Garten anzulegen, wobei sie das Projekt nicht als ausgebildete Gartenarchitektin plante, sondern als ausgebildete Künstlerin. Das Grundstück, auf dem der Garten entstehen sollte, war Munstead Wood in Surrey, ein sechs Hektar großes Areal mit sandigem Boden in Form einer überdimensionalen Pfeilspitze. Im Bereich der Spitze entstand der Küchengarten und das Gewächshaus, in dem sie Jungpflanzen heranzog – sie verließ sich lieber auf selbstgezogene Pflanzen, die sie auch an Freunde und Kunden weitergab. Ein mit Bäumen bestandener, waldartiger Park machte ungefähr die Hälfte der Gesamtfläche von Munstead Wood aus. Auf dem restlichen, zentralen Bereich des Grundstücks errichtete Jekyll ihr Wohnhaus und einen Cottagegarten.

Hier konnte sie frei experimentieren und mit Hilfe der Theorien Chevreuls herausfinden, in welcher Kombination die einzelnen Pflanzen am besten zur Geltung kamen: Keine Farbe, insistierte sie, wirke allein aus sich selbst heraus; die Wirkung ergebe sich erst aus dem Zusammenspiel mit den benachbarten Farben. Auch das geschulte Auge der Malerin war ihr bei der Anlage des Gartens behilflich. So trennte sie warme Rot- und Orangetöne von den eher kühlen Blau- und Malvetönen. Den Effekt einer ganz in Blau gehaltenen Rabatte verstärkte sie mit einer parallelen Reihe gelbblühender Pflanzen.

Munstead Wood diente ihr als Experimentierfeld. Sie trachtete stets nach Form und Gestaltung in ihren Pflanzungen, und so legte sie einen Frühlingsgarten an sowie ihr liebstes Stück, einen versteckt liegenden Garten, in dem Wildblumen und gezüchtete Arten in einem romantischen Nebeneinander üppig gediehen. Sie errichtete einen Laubengang, den der Besucher über einen schmalen Pfad erreichte, welcher bei einer Gruppe von Nußbäumen seinen Ausgang nahm. Mit ihrer sechzig Meter langen wilden Staudenrabatte, die allen Vorstellungen von einem strengen, formvollendeten Gartens widersprach, schuf sie sich eine reale Leinwand, auf der sie mit geschickt ausgewählten Pflanzen ein farbenprächtiges Bild entstehen ließ.

Die meisten ihrer Zeitgenossen betrachteten den typischen Cottagegarten lediglich als hübsches Produkt einer bäuerlichen Kultur. Jekyll jedoch wußte ihn als eine unerschöpfliche Quelle von Samen und Ablegern durchaus zu schätzen. »Der Cottagegarten hat einen einfachen und anrührenden Charme, den man bei Gärten, die vorgeben mehr zu sein, vergeblich sucht«, schrieb sie und fügte hinzu: »Die bekannten Gartenblumen scheinen zu wissen, daß sie dort am besten zur Geltung kommen.« In ihrem eigenen Cottagegarten pflanzte sie Rosen, Päonien, Löwenmaul, Lupinen und Fingerhut.

Munstead Wood gab ihr genügend Gelegenheiten, selbst tätig zu werden – »ich habe einige hundert Meter Trockenmauer mit eigenen Händen gebaut und bepflanzt«, bemerkte sie einmal nicht ohne Stolz. 1899 vollendete sie ihr erstes Buch, *Wood and Garden*, dem

Die Kletterpflanzen, die Jekylls Pergola (oben) in Munstead Wood umrankten, sollten zusammenwachsen und einander ergänzen. Wichtig für Jekyll war aber auch, daß die Konstruktion selbst, die sichtbar wurde, wenn die Blätter fielen, ihren ästhetischen und praktischen Anforderungen entsprach: Stabil genug sollte er sein, um das Gewicht der Pflanzen zu tragen, und breit genug, um bequem hindurchschreiten zu können.

neben zahlreichen Artikeln für Gartenzeitschriften noch acht weitere fo gen sollten. Sie hätte wahrscheinlich noch einige Bücher mehr geschrieben, hätte sie nicht Edwin Lutyens mit dem Bau ihres Hauses beauftragt.

Bei ihrer ersten gemeinsamen Tasse Tee war Jekyll, damals Mitte Vierzig, eine einschüchternd wirkende Erscheinung in ihrem matronenhaften viktorianischen Kleid und dem schwarzen, federgeschmückten Hut. Aber als sie den jungen Lutyens (er war zu der Zeit noch keine zwanzig Jahre) vorsichtig an der silbernen Teekanne vorbei beäugte, erkannte sie sofort, was in ihm steckte: Sie erteilte ihm nicht nur den Auftrag für ihr eigenes Haus, sondern ermutigte auch viele Freunde, es ihr darin gleichzutun. Es war ein riskantes Unternehmen, denn alle Pläne Lutyens waren so aufwendig, daß der finanzielle Ruin des Kunden möglich war. Aber in den späteren Jahren ihrer Zusammenarbeit lernte er, ihren mäßigenden Einfluß gel-

Jekylls sorgfältige Pflanzenstudien (oben) erwiesen sich als nützlich, als sie die Rabatten in Munstead Wood plante (links). Sie arbeitete mit einjährigen und mehrjährigen Pflanzen sowie Stauden. »Sinn und Zweck eines Gartens ist es, seinen Besitzer glücklich und zufrieden zu machen. In der Betrachtung einer schönen Rabatte findet er innere Ruhe«, schrieb sie.

ten zu lassen. Auch ihre Vorliebe für den regionalen Baustil, die sie mit den Mitgliedern der Arts-and-Crafts-Bewegung teilte, lernte er zu akzeptieren.

Mehr als siebzig Häuser und Gärten entstanden im Laufe der zwanzigjährigen Beziehung zwischen Lutyens und Jekyll, die er liebevoll als »Mutter aller Blumenzwiebeln« bezeichnete. Bei einigen ihrer Projekte mußten sie die Ärmel selbst hochkrempeln, bei anderen wiederum genügte es, dem Auftraggeber die detailliert ausgearbeiteten Pläne zu übergeben. Viele ihrer Objekte waren in Südengland angesiedelt, wie der Deanery-Garten in Berkshire oder Upton Grey und Marsh Court in Hampshire. Doch die gemeinsamen Aufträge führten sie auch an entlegenere Orte, auf die zum County Dublin gehörende Insel Lambay und nach Lindisfarne, der heiligen Insel vor der Küste Northumberlands. 1906 gestalteten sie gemeinsam die Gartenanlage von Hestercombe im Südwesten Englands, die zu ihren schönsten gehört.

Jekyll und Lutyens ergänzten einander: In Hestercombe pflanzte Jekyll silberfarbenen Ziest, Lavendel und Palmlilien vor die »Wrenaissance-Orangerie«, die der Architekt Lutyens zu Ehren von Sir Christopher Wren entworfen hatte (oben). Seiner Steintreppe, die zur Pergola führte, setzte sie ein buntes Ensemble aus Bergenien, Lilien, Rittersporn und leuchtend rotem Türkenmohn entgegen (rechts).

Im fruchtbaren Becken der Grafschaft Somerset, mit Blick über die Hügel von Blackdown, hatte sich Lord Portman ein Haus großen Stils erbaut. Der Garten war, zumindest noch in den frühen Jahren des 20. Jahrhunderts, ohne eigenen Charakter und langweilig. Lutyens und Jekyll verwandelten den Ort mit kühnen Entwürfen in einen elisabethanischen Lustgarten, und auch hier verzichteten sie nicht auf die von ihnen bevorzugten Gestaltungselemente – Teiche, erhöht angelegte Wege und tiefer gelegte Rasenflächen. Ihr Grundriß wies zwei Besonderheiten auf: ein großes, vertieft angelegtes Parterre und, auf einer zweiten Achse, die sogenannte »Wrenaissance-Orangerie« zu Ehren des Architekten Sir Christopher Wren, der nach dem großen Brand von London die St.-Pauls-Kathedrale wiederaufgebaut hatte. Das Parterre und die Orangerie waren auf einen dritten Blickfang hin ausgerichtet, eine offene Rotunde aus Stein. Die Geometrie des Gartens war exakt ausbalanciert, die Details exklusiv und die Wirkung außerordentlich.

Das Parterre bestand aus vier länglichen, rechteckigen Rasenflächen, die jeweils von gepflasterten Wegen und kleinen Steinmauern umgeben waren. Lutyens setzte hier seine Grundmaterialien, Stein und Holz, ganz bewußt ein. Der faszinierend glitzernde Ham-Hill-Stein, der ganz in der Nähe von Hestercombe in einem Steinbruch am Berg Hamdon gebrochen worden war, wurde ausschließlich für Feinarbeiten reserviert, während man Säu-

len und Pflastersteine aus gröberem Stein fertigte. Ganz rauher Stein schließlich kam bei den Mauern zum Einsatz. Klug aus der Sicht Jekylls war es, bei der Auswahl der Pflanzen und ihrer Zusammenstellung so vorzugehen, daß die architektonischen Glanzpunkte des Gartens eher ergänzt als zugedeckt wurden. Die Planungsarbeit erforderte ihre typische »Klarheit in der Zielsetzung und Einfachheit der Mittel«.

Clematis, Bucharischer Schlingenknöterich *(Fallopia baldschuanica)* und Rosen schlangen sich um die hohen Eichenpfosten der Pergola. Zwischen Lutyens dezenten Balustraden quollen dichtgepflanzte Kugeldisteln *(Echinops ritro)* hervor und schaukelten sanft im Wind. Um die gepflasterten Wege und die in Gruppen gepflanzten spitzblättrigen Palmlilien schlängelte sich ein Band von silberfarbenem Ziest. An anderen Stellen wurden viele von Jekylls Favoriten wie Bergenien, Lavendel und Heiligenkraut gepflanzt, vor allem wegen ihrer Farbe, Form und Beschaffenheit.

Gertrude Jekyll sah in der Arbeit des Gärtners die Möglichkeit, eine »Landschaft mit lebenden Pflanzen zu malen« und Bilder zu erschaffen, die »aus jedem Blickwinkel und bei allen Lichtverhältnissen überzeugen müssen«. In ihrer Arbeit als Künstlerin überzeugte sie mit sorgfältigen Kopien der großen Meister wie zum Beispiel Turner, die in ihrer Qualität die Bilder des durchschnittlichen Hobbymalers weit übertrafen. Mit knapp Fünfzig litt sie unter zunehmenden Sehschwierigkeiten und mußte schließlich einen berühmten Augenspezialisten in Wiesbaden aufsuchen. Seine Diagnose war niederschmetternd: Ihr wurde eröffnet, daß sie das Sticken und Malen sofort aufzugeben habe. Obwohl sie sich bedingungslos an diesen Ratschlag hielt, bedauerte sie doch die Reise nach Wiesbaden für den Rest ihres Lebens. »In meiner Jugend hatte ich den sehnlichen Wunsch, Malerin zu werden, mußte aber jede Hoffnung auf eine Verwirklichung des Wunsches aufgeben ... aufgrund einer extremen und fortschreitenden Kurzsichtigkeit.«

Am Ende ihres Lebens zwang sie ihr erlöschendes Augenlicht, auch auf die Gartengestaltung zu verzichten. Mit ihrem Tod 1932 verlor England seine einflußreichste und populärste Gartenarchitektin. Aber die Frau, die den natürlichen und wildwüchsigen Garten popularisierte, die für farblich abgestufte Blumenrabatten eintrat und die daran erinnerte, daß »keine künstlich angelegte Pflanzung der Natur je gleichkommt«, sollte nicht in Vergessenheit geraten. Der Geist von Gertrude Jekyll lebt fort.

»Man sollte sich immer vor Augen halten, daß eine widerstandsfähige Blumenrabatte nicht an einem Tag entsteht«, erklärte Jekyll, als sie eine in Grau, Grün, Weiß und Silber gehaltene Rabatte vor Lutyens klassischer Treppe mit Balustrade in Hestercombe plazierte.

Emil

Nolde

(1867–1956)

Emil Nolde war einer der größten Vertreter des deutschen Expressionismus. Seine Blumenbilder waren von so intensiver und leuchtender Farbe, daß sich ein Freund zu der Äußerung veranlaßt sah, möglicherweise wolle Nolde sogar die Farben der Natur noch überbieten. Nolde erwiderte, daß, wenn er ein gerade fertiggestelltes Bild von der Staffelei nehme und neben die Blumen lege, sein Werk im unmittelbaren Vergleich immer blaß wirke. Man könne sich gar nicht vorstellen, wie abgestumpft das menschliche Auge sei, bemerkte er einmal. Nolde malte Personen, Landschaften und Seestücke; diese entstanden nach dem einschneidenden Erlebnis einer stürmischen Überfahrt in zunehmender Zahl. Aber die häufigsten Motive seiner Malerei von Anfang bis zuletzt waren Blumen und Gärten.

Seine ersten reifen Blumengemälde fertigte er zu Beginn dieses Jahrhunderts. Die Anregungen dazu lieferten die Bauerngärten auf der dänischen Insel Alsen, wo Nolde in der Nähe des Dorfes Guderup ein Fischerhäuschen gemietet hatte. Darauf folgten die Bilder aus den Jahren 1916 bis 1926, die unter dem unmittelbaren Einfluß des Gartens in Utenwarf entstanden; Nolde und seine Frau Ada bewohnten dort ein altes Bauernhaus. Die letzte Gruppe seiner Gartenbilder entstand in Seebüll, nahe der dänischen Grenze im heutigen Nordfriesland: Hier hatte Nolde sowohl sein Wohnhaus mit dem Atelier als auch den Garten selbst entworfen.

Manchmal konzentrierte sich Nolde bei seinen Aquarellen und Gemälden nur auf die Schönheit einer Blume, manchmal integrierte er auch eine einzelne, in einer Vase stehende Blume in ein Stilleben; gelegentlich zeigten seine Gartenszenen auch Personen, die er neben eine überbordende Blumenrabatte plazierte. Gustav Schiefler, einer der ersten Sammler seiner Bilder, beschrieb den Künstler bei seiner Arbeit im Garten, umgeben von Levkojen, Astern und Nelken. Wenn Nolde in seiner Malerei versank, einen Pinselstrich neben den anderen setzend und dabei die Farbe zu höchster Leuchtkraft steigerte, strahlten seine Augen vor Freude.

Emil Nolde, der sich bewußt vom öffentlichen Kunstbetrieb fernhielt, lebte zurückgezogen in Norddeutschland. Sein Blumengarten in Seebüll, nahe der dänischen Grenze (links), war inspiriert von den schlichten ländlichen Bauerngärten. Hier konnte er der Logik der Form das Chaos der Farbe unterwerfen.

Der introvertierte und zurückgezogen lebende Nolde hatte zu Lebzeiten wenig Nachahmer und Schüler. Hinter seiner wortkargen und abwehrenden Verschlossenheit aber verbarg sich eine ungestüme Leidenschaftlichkeit. Sein Hang zur Selbstisolation ging so weit, daß er für die Maler seiner Generation kaum Interesse zeigte. Inspiration fand er nur bei den anderen expressionistischen Mitgliedern der 1905 zusammengeschlossenen Künstlervereinigung »Die Brücke« (Ernst Ludwig Kirchner, Erich Heckel, Karl Schmidt-Rottluff und Max Pechstein). Sein eigenes Werk, dessen Stil sich innerhalb von vierzig Jahren kaum änderte, stellte Nolde nur selten öffentlich aus.

Emil Nolde erlebte das Ende des deutschen Kaiserreichs, zwei verheerende Weltkriege, wirtschaftliche Depression und politische Repression. In seine Lebenszeit fallen die Geburt des Automobils und der Tod der französischen Impressionisten; er selbst überlebte Kirchner und Pechstein. Und dennoch schien sein Werk keinerlei Bezug zur sozialen Realität seiner Zeit aufzuweisen. Statt dessen machte er sich seine scharfe Beobachtungsgabe zunutze und malte, was er in seiner unmittelbaren Umgebung vorfand. Seine Frau bemerkte einmal Paul Klee gegenüber: »Nolde gehört so ganz und gar zu Deutschland. Er ist ein mit der heimatlichen Scholle verwachsener Mensch.«

Der Künstler wurde 1867 auf dem Familiengut in Nolde im westlichen Nordschleswig geboren. Sein ursprünglicher Name lautete Emil Hansen, er nannte sich aber später nach seinem Geburtsort, als wolle er damit die Verbundenheit mit seiner Heimat bekräftigen. Allen Berichten, auch den eigenen, zufolge hatte er eine glückliche Kindheit. Seine Mutter kümmerte sich um das Haus und den Garten; Nolde erinnerte sich später in seiner Autobiographie, wie alle Blumen zu ihrer und seiner Freude blühten und die Sonne über dem Garten schien. Wie jedes Kind auf dem Land lebte er in enger Verbundenheit mit der dörflichen Gemeinschaft und der Natur: »Ich sah zum Himmel und zu den großen Wolken auf; sie waren meine Freunde« – mit diesen Worten kennzeichnet Nolde seine Jugend, die durch tiefe Empfindsamkeit gekennzeichnet war. In seinem Fall verstärkte sich diese Naturverbundenheit noch dadurch, daß er selbst ein kleines Wäldchen aus Eschen, Eichen und Kastanien anlegte. Jeden einzelnen Baum hatte er selbst gezogen.

Sein Berufsleben begann Nolde nicht als Künstler, sondern als Handwerker. Nach einer Ausbildung als Möbelzeichner und Holzschnitzer in Flensburg von 1884 bis 1888 arbeitete er für verschiedene Möbelfabriken in München, Karlsruhe und Berlin. Im Alter von vierundzwanzig Jahren unterrichtete er für sechs Jahre an der Kunstgewerbeschule von Sankt Gallen das Fach Zeichnen. Seit 1897 widmete er sich ausschließlich der Malerei – er setzte seine künstlerische Ausbildung bei Adolf Hoelzel in Dachau fort – und reiste nach Paris, Kopenhagen und Berlin, ehe er sich mit seiner dänischen Frau Ada auf der Insel Alsen niederließ.

Nolde teilte viele der programmatischen Bestrebungen der Künstlervereinigung »Die Brücke«, der er sich vorübergehend in Dresden anschloß. 1906 stellte er mit den Mitgliedern der Vereinigung seine Bilder aus und genoß die Anregungen, die mit dem Stadtleben und dem Reisen verbunden waren. In den Jahren 1913 und 1914 führte ihn eine lange und abenteuerliche Reise über Rußland, China und Japan bis nach Polynesien, wo die Ursprünglichkeit und die Vitalität der »primitiven« Plastik nachhaltigen Eindruck auf ihn machten.

Aber sein ländliches Heim auf Alsen zog ihn unwiderstehlich zurück. Emil Nolde fand auf der flachen Insel im Kleinen Belt alles, was er zum Leben brauchte, und

Emil und Ada Nolde planten und bauten das Haus in Seebüll gemeinsam. Klein Seebüll, das strohgedeckte Sommerhaus (rechts), diente als Atelier und Galerie zugleich. Die Initialen des Paares, A und E, die der Anlage des Gartens zugrunde lagen, sind inmitten der üppig wuchernden, bunten Blumenpracht nur für den eingeweihten Besucher leicht zu erkennen.

1912 zogen er und seine Frau Ada in ihr gemeinsames Haus in Utenwarf. Nolde war fasziniert vom Marschland mit seinen tiefen, schnurgeraden Kanälen, den kleinen Dörfern mit den strohgedeckten Häusern, dem kalten, klaren Licht und dem weiten Horizont. 1926 begann ein Heer von Arbeitern, das Entwässerungssystem in der Gegend zu erneuern. Der Frieden und die Ruhe des Ortes waren empfindlich gestört, und Nolde und seine Frau sahen sich gezwungen wegzugehen. Ihre nächste Station war das in Deutschland gelegene Seebüll, wo Nolde für den Rest seines Lebens bleiben sollte.

Fingerhut (Digitalis purpurea, *gegenüber) und Noldes Gemälde »Fingerhut und Lilien« (oben): In seinen Augen wirke, so erklärte er, das Gemälde im Vergleich zu den echten Blumen im Garten immer blaß.*

1934 wurde Nolde, wie Tausende seiner Landsleute auch, Mitglied der NSDAP, nur um später als entarteter Künstler gebrandmarkt und mit einem Malverbot belegt zu werden. Zu einem Zeitpunkt, als der Krieg in Europa schon fast zu Ende war, erlag seine Frau Ada einem Herzanfall; zwei Jahre nach ihrem Tod heiratete Nolde die Tochter eines Freundes, Jolanthe Erdmann. Sie war damals sechsundzwanzig, er einundachtzig. Nolde wurde nach dem Krieg von der Kunstwelt wiederentdeckt: 1952 zeigte man seine Gemälde in einer großen Retrospektive der Öffentlichkeit; viele der Bilder waren von den Blumen in Seebüll inspiriert.

Haus Seebüll, ein massiv wirkender Klinkerbau, wurde zwischen 1927 und 1937 erbaut und war umgeben von einem einzigartigen und geheimnisvollen Garten. Seine Einzigartigkeit lag in seiner Größe und seiner Vielfältigkeit, sein Geheimnis in seinem rätselhaften Grundriß: Ada und Emil Nolde legten den Garten gemeinsam auf dem freien Feld an, markierten zwei Buchstaben, ihre Initialen A und E, und verbanden sie durch einen dazwischen angelegten Zierteich. Die Besucher schritten zwischen den Blumen- und Gemüsebeeten hin und her, ohne daß ihnen der Grundriß bewußt geworden wäre. Von Freunden befragt, von welchen Prinzipien er sich bei der Anlage des Gartens habe leiten lassen, verriet Nolde nichts. Später erinnerte er sich daran, daß sie mit Absicht niemandem etwas von ihrer Idee erzählt hatten.

Der Boden Frieslands besteht aus schwerem Lehm, der sich im Lauf der Jahrtausende, die dieses fruchtbare Land vom Meer bedeckt war, abgelagert hatte. Emil und Ada Nolde lockerten den Lehmboden auf und mischten ihn mit Sand, legten Entwässerungsgräben an und pflanzten als Windschutz Schilf, Hecken und Bäume. Nach diesen grundlegenden Vorbereitungen konnte Nolde mit der Planung seiner Stauden-, Blumen- und Gemüsebeete beginnen. Anfangs orientierte er sich am Stil eines ländlichen Bauerngartens, der ihm von Kindheit an vertraut war, und an jenem schönen kleinen Garten, den sie in Utenwarf zurückgelassen hatten.

Nach zwei Jahren berichtete er voller Stolz einem Freund, daß der frisch angelegte Garten überquelle von einem Meer aus Blumen, die schöner seien als alle, die er je gehabt hatte. Der Duft der Reseden wurde ins Haus getragen, und die Sonnenblumen gediehen so prächtig, daß sie seinen Kopf überragten. Sonnenblumen hatte Nolde seit 1926 immer wieder gemalt, und auch in den folgenden zwanzig Jahren gehörten sie zu seinen bevorzugten Blumenmotiven.

Unermüdlich setzte Nolde die Arbeit an seinem »Paradies« fort: Er baute ein strohgedecktes Sommerhaus, das er »Klein Seebüll« nannte – ein richtiges Atelier im Vergleich zu der Holzhütte auf der dänischen Insel Alsen. Später stockte er, um Ausstellungsräume für seine Gemälde und Aquarelle zu gewinnen, noch ein zweites Stockwerk auf. Für Nolde war damit ein Traum in Erfüllung gegangen; schon vor mehr als dreißig Jahren hatte er Ada gegenüber den Wunsch geäußert, ein eigenes Haus mit einer großen Scheune für seine Bilder zu kaufen – damit niemand über sie lachen könne oder, besser noch, damit sie überhaupt niemand sehe, außer vielleicht ein gelegentlich vorbeikommender Wanderer.

Das Paar hatte auch mit unvorhergesehenen Problemen der Region zu kämpfen: Sein großes, achteckiges Wohnhaus, das zur optimalen Ausnutzung der Sonne nach Südwesten ausgerichtet war, drohte im weichen Lehmboden zu versinken. Die Fundamente mußten neu gefaßt, und die Mauern des Hauses mit einer zweiten Ziegelwand verstärkt werden. Das waren jedoch die kleineren Unannehmlichkeiten im Vergleich zu den dunklen Wolken, die sich am politischen Horizont zusammenbrauten. Obwohl Nolde anfangs mit den Nationalsozialisten

sympathisierte, wurden auf Veranlassung der Parteispitze bald mehr als tausend seiner Werke aus deutschen Museen und Galerien entfernt. Viele waren daraufhin in der 1937 erstmals in München gezeigten Schmähausstellung »Entartete Kunst« zu sehen. 1941 wurde Emil Nolde mit einem polizeilich verhängten Malverbot der nationalsozialistischen Tyrannis belegt. Der ängstliche, autoritätsgläubige und schon sehr alte Maler hielt sich weitgehend daran. In der Folge entstand eine Vielzahl von Aquarellen, bis Kriegsende an die 1300, die Nolde selbst als seine »Ungemalten Bilder« bezeichnete.

Blumen, insbesondere Feld- und Wiesenblumen, waren seit jeher und in allen Kulturen von hohem Symbolwert – man denke nur an das in vielen Nationen gefeierte Erntedankfest oder an das Streuen von Blüten zu Fronleichnam. Ein Kornfeld ohne Mohnblumen – Symbol für Wachstum, Tod und Wiedergeburt – ist schlicht unvorstellbar, und nur durch den rücksichtslosen Einsatz von Herbiziden in unserer Zeit wurde das Wachstum dieser Blume zeitweilig eingedämmt. Aber Mohnsamen, die mehr als vierzig Jahre in der Erde schlummern können, ohne ihre Keimfähigkeit zu verlieren, gehen auf, sobald die Bedingungen günstig sind. Nirgends wurde das so deutlich wie auf den Schlachtfeldern Europas im Ersten und Zweiten Weltkrieg, wo auf der zerwühlten und blutgetränkten Erde alljährlich im Frühsommer ein Meer von Mohnblumen wogte.

»Auf den Feldern Flanderns Mohn
erblüht
zwischen den Kreuzen in Reih und
Glied«,

schrieb der kanadische Dichter John McRae im Ersten Weltkrieg. Während des Zweiten Weltkriegs beschäftigte sich auch Nolde mit dem Motiv des Klatschmohns. Der Untertitel für sein 1942 entstandenes Gemälde »Großer Mohn« lautete »Rot, Rot, Rot«. Nolde wollte damit offenbar betonen, daß man das Wesen des Bildes als einer reinen Farbveranstaltung wohl zu beachten habe. Es ist ein Zusammenspiel dreier Farbreihen: Zinnober, Purpurrot und Rosa. Das Gemälde, meinte er, entstand im Zusammenhang mit dem Zufallsprinzip der Natur. Wenn Nolde Samen in seinem Garten ausstreute, der dann aber nicht so wuchs, wie er es sich vorstellte, und dennoch wunderschön blühte, dann war er dankbar und dachte nicht daran, die Pflanzen zu entfernen, nur weil sie seinen Vorstellungen nicht genau entsprachen. Nolde war sich des Jahreszeitenwechsels und des ewigen Kreislaufs von Samen, Blüte, Frucht und Samen sehr wohl bewußt. In seinen autobiographischen Schriften verglich er die Stadien im Dasein einer Blume – zu sprießen, blühen, strahlen, leuchten, erfreuen, die Köpfe hängen zu lassen, zu verwelken und auf dem Kompost zu enden – mit seinen Blumengemälden, die ebenfalls den unwandelbaren Gesetzen von Entstehung und Verfall unterlagen.

Seiner Frau Ada vertraute er einmal an, daß er es vorgezogen hätte, in völliger Abgeschiedenheit zu arbeiten, sich seinem Garten und der Malerei zu widmen, um

Einfache, alltägliche Blumen wie die Sonnenblume (gegenüber) und die Sonnenbraut waren die bevorzugten Motive für Noldes Gemälde, wie etwa »Späte Blumen« (oben). In der Zeit des Nationalsozialismus mit einem Malverbot belegt, malte Nolde kleine Aquarelle, die er als »Ungemalte Bilder« bezeichnete.

sie nur Freunden zu zeigen, die sie auch verstünden. Dann würde auch zweifelsohne der Tag kommen, an dem sich nicht nur einzelne Individuen, sondern auch die breite Menge an seiner Kunst erfreuen konnten. In den dunklen Tagen der frühen vierziger Jahre konnte er nicht wissen, daß genau das bald seinem Werk widerfahren würde: Als sich 1945 auf Europa endlich der Frieden niedersenkte und auf den ehemaligen Schlachtfeldern die Mohnblumen erblühten, durfte auch Emil Nolde wieder frei und ungehindert malen. Er widmete sich unter anderem seinen »Ungemalten Bildern« und übertrug einen Teil von ihnen in Öl.

Am 13. April 1956, nachdem er in dieser zurückgewonnenen künstlerischen Freiheit noch elf Jahre hatte schaffen können, starb Nolde in seinem Haus in Seebüll. Er hinterließ ein riesiges Werk, dessen stärkstes Ausdrucksmittel die leuchtende Farbe ist, welche er den Blumen und Blüten seines Gartens abgeschaut hatte. Die Tatsache aber, daß in der Naziausstellung »Entartete Kunst« kein anderer Künstler mit so vielen Exponaten vertreten gewesen war wie Emil Nolde, mag – in einer paradoxen Umkehrung der historischen Vorzeichen – das künstlerische Genie dieses großen Expressionisten verdeutlichen.

Bis zum Kriegsende entstanden über tausend »Ungemalte Bilder« – die Aquarelle übertrug Nolde teilweise später in Öl. Dennoch zeigte Nolde seine Bilder wie »Dahlien und Wilder Wein« (oben) immer seltener in Ausstellungen. Lieber führte er Freunde durch seinen farbenprächtigen Garten in Seebüll, den er und Ada einem zu Beginn nicht gerade vielversprechenden Feld abgerungen hatten.

Künstler und ihre Gärten ist Annik Marsollier gewidmet.

Danksagung
An dieser Stelle möchte ich den Künstlern und ihren Vermögensverwaltern für ihre freundliche Zusammenarbeit meinen aufrichtigen Dank aussprechen, insbesondere Kim Ondaatje, dem verstorbenen Patrick Heron, der Henry Moore Foundation, der Isamu Noguchi Foundation, dem Millesgården und der Tate Gallery in St. Ives. Den zahlreichen Mitarbeitern bin ich ebenso zu großem Dank verpflichtet. Besondere Erwähnung verdienen hier Janet Axten, Alan Bowness, Roger Calow, Ina Cole, Robin Fields, Hannah Fleming, Chelsey Fox, Rick Goldsmith, Sandy Green, Kahlia Laws, Poppy Owen, David Petts, Jerry Ross, Michelle Seddon Harvey, Glenn Storhaug, Roy Treherne von Wyevale Garden Centres, Charu Vallabhbhai und vor allem Catherine Hervé Petts für ihre Recherchen, Caroline Ball für ihre Geduld, Abby für ihre Unterstützung und meiner einflußreichsten Gartenkünstlerin, Peggy, für ihre Inspiration.

In dieses Buch sind zahlreiche Quellen eingeflossen. Nachfolgende Titel verdienen besondere Beachtung:
Richard Bisgrove, *Die Gärten der Gertrude Jekyll*, Ulmer 1994; Jane Brown, *Gardens of a Golden Afternoon*, Allen Lane 1982; Renate Damsch-Wiehager, Heinz Teufel, *Noldes Landschaft. Eine Bildreise*, Ellert und Richter 1997; Derek Fell, *The Impressionist Garden*, Frances Lincoln 1997; Sally Festing, *Gertrude Jekyll*, Penguin 1993; Buckminster Fuller, *Operating Manual for Spaceship Earth* Amereon, 1978; Mel Gooding, *Patrick Heron*, Phaidon 1994; Werner Haftmann, *Emil Nolde*, DuMont 1995; A. M. Hammacher, *Barbara Hepworth*, Thames and Hudson 1968; Barbara Hepworth, *A Pictorial Autobiography* Moonraker Press, 1970 (Tate Gallery Publications, 1993); Barbara Hepworth Retrospective Exhibition catalogue, Whitechapel Gallery, 1954; Hayden Herrera, *Frida Kahlo: die Gemälde*, Schirmer/Mosel 1995; Penelope Hobhouse (Hrsg.), *Gertrude Jekyll on Gardening*, National Trust/Collins 1983; Anthony Huxley, *The Painted Garden*, Windward 1988; Philip James (Hrsg.), *Henry Moore on Sculpture*, Da Capo Press 1992; Claire Joyes, *Life at Giverny*, Thames and Hudson 1985; Andrea Kettenmann, *Frida Kahlo: 1907–1954; Leid und Leidenschaft*, Taschen 1992 ; Vivien Knight (Hrsg.), *Patrick Heron*, John Taylor in Zusammenarbeit mit Lund Humphries 1988; Fiona MacCarthy, *William Morris, A Life For Our Time*, Faber and Faber 1994; Henry Moore, *My Ideas, My Inspiration, My Life as an Artist*, Ebury Press 1986; Gillian Naylor (Hrsg.), *William Morris By Himself*, Macdonald Orbis 1988; Jean Renoir, *Mein Leben und meine Filme*, Diogenes 1992; Alan Watts, *Zen: Tradition und lebendiger Weg*, Zero 1981.

Bildnachweis
Seite 1, Anne Hyde. Seite 2, Andrew Lawson. Seite 6, Andrew Lawson. Seite 8, Derek Fell. Seite 9, Service Communication, Mairie de Cagnes-sur-Mer. Seite 10, AKG. Seite 11, Derek Fell. Seite 12, Service Communication, Mairie de Cagnes-sur-Mer. Seite 13, Derek Fell. Seite 14 (links), Derek Fell. Seite 14 (rechts), Service Communication, Mairie de Cagnes-sur-Mer. Seite 15, Bridgeman Art Library. Seite 16, Henry Moore Foundation/Michael Furze. Seite 17, Henry Moore Foundation. Seite 18, Henry Moore Foundation/Michael Furze. Seite 19, Henry Moore Foundation/Michael Furze. Seite 20 (links), Henry Moore Foundation/Michael Furze. Seite 20/1, Henry Moore Foundation/Anita Feldman Bennet. Seite 22, Henry Moore Foundation/Anita Feldman Bennet. Seite 23, Henry Moore Foundation/Michael Furze. Seite 24/5, Henry Moore Foundation. Seite 26, Condé Nast. Seite 27, Bartlett Studio. Seite 28, Bartlett Studio. Seite 29, Condé Nast. Seite 30, Condé Nast. Seite 31, Bartlett Studio. Seite 32, Condé Nast. Seite 33, Condé Nast. Seite 34, Art Resource, New York. Seite 35, AKG. Seite 36 (links), Museo Dolores Olmedo Patino. Seite 36/7, Museo Dolores Olmedo Patino. Seite 38, AKG. Seite 39, Museo Dolores Olmedo Patino. Seite 40, Museo Dolores Olmedo Patino. Seite 41, Art Resource, New York. Seite 42/3, Museo Dolores Olmedo Patino. Seite 44, Giraudon. Seite 45, Giraudon. Seite 46, Yerres Hôtel de Ville. Seite 47, Yerres Hôtel de Ville. Seite 48 (links), Yerres Hôtel de Ville. Seite 48 (rechts), Derek Fell. Seite 49, Jerry Harpur Garden Library. Seite 50, Giraudon. Seite 51, Harry Smith Collection. Seite 52, Red House/Edward Hollamby. Seite 53, Bridgeman Art Library. Seite 54, Anne Hyde. Seite 55, Red House/Edward Hollamby. Seite 56/7 Red House/Edward Hollamby. Seite 58, Red House/Edward Hollamby. Seite 59, Planet Earth Pictures. Seite 60, Red House/Edward Hollamby. Seite 61, Red House/Edward Hollamby. Seite 62, Isamu Noguchi Foundation/Akira Takahashi. Seite 63, Isamu Noguchi Foundation/Jun Miki. Seite 64 (links), Isamu Noguchi Foundation. Seite 64/5, Isamu Noguchi Foundation/John Berens. Seite 66, Isamu Noguchi Foundation/Michio Noguchi. Seite 67, Isamu Noguchi Foundation/Shigeo Anzai. Seite 68/9, Isamu Noguchi Foundation/John Berens. Seite 70, Isamu Noguchi Foundation/Shigeo Anzai. Seite 71, Isamu Noguchi Foundation/Kevin Noble. Seite 72, Patrick Heron. Seite 73, Julian Feary. Seite 74, Patrick Heron/DACSeite Seite 75, Patrick Heron. Seite 76, Patrick Heron. Seite 77, Patrick Heron/DACSeite Seite 78/9, Patrick Heron. Seite 80, Patrick Heron/DACSeite Seite 81, Patrick Heron. Seite 82, Derek Fell. Seite 83, Art Resource, New York/National Portrait Gallery, Smithsonian Institute. Seite 84 (links), Sotheby's New York/Privatsammlung. Seite 84/5, Derek Fell. Seite 86, Derek Fell. Seite 87, Derek Fell. Seite 88, Art Resource, New York/National Museum of American Art, Washington. Seite 89, Derek Fell. Seite 90/1, Derek Fell. Seite 92, B & U International Picture Service. Seite 93, Giraudon. Seite 94/5, B & U International Picture Service. Seite 96, Harry Smith Collection. Seite 97, AKG. Seite 98, Giraudon. Seite 99, B & U International Picture Service. Seite 100/1, B & U International Picture Service. Seite 102, Derek Fell. Seite 103, Giraudon. Seite 104, Giraudon. Seite 105, Derek Fell. Seite 106, Bridgeman Art Library. Seite 107, Derek Fell. Seite 108, Derek Fell. Seite 109 (links und rechts), Derek Fell. Seite 110, Oronoz. Seite 111, Index. Seite 112, Museo Sorolla. Seite 113, Oronoz. Seite 114, Museo Sorolla. Seite 115, Oronoz. Seite 116/17, Oronoz. Seite 118, Louisiana State Parks. Seite 119, Ann Ronan. Seite 120, Audubon Museum. Seite 121, A–Z Botanical. Seite 122, Louisiana State Parks. Seite 123, Louisiana State Parks. Seite 124 (links), Audubon Museum. Seite 124 (rechts), Harry Smith Collection. Seite 125, Giraudon. Seite 126, Kim Ondaatje. Seite 127, Steve Behal. Seite 128, Kim Ondaatje. Seite 129, Kim Ondaatje/Confederation Art Centre, Charlottetown PEI. Seite 130 (links), Kim Ondaatje/Privatsammlung. Seite 130/1 Kim Ondaatje. Seite 132, Kim Ondaatje. Seite 133 (oben und unten) Kim Ondaatje. Seite 134, Derek Fell. Seite 135, AKG. Seite 136, Andrew Lawson. Seite 137, Andrew Lawson. Seite 138/9, Garden Picture Library. Seite 140, AKG. Seite 141, Derek Fell. Seite 142 (links), AKG. Seite 142/3, Andrew Lawson. Seite 144, Millesgården. Seite 145, Millesgården. Seite 146/7 Millesgården. Seite 148, Millesgården. Seite 149, Millesgården. Seite 150/1, Millesgården. Seite 152, Millesgården. Seite 153, Millesgården. Seite 154, Andrew Lawson. Seite 155, Ida Kar. Seite 156, Andrew Lawson. Seite 157, Barbara Hepworth Museum and Sculpture Garden. Seite 158, Barbara Hepworth Museum and Sculpture Garden. Seite 159, Barbara Hepworth Museum and Sculpture Garden. Seite 160 (oben), Barbara Hepworth Museum and Sculpture Garden. Seite 160 (unten), Andrew Lawson. Seite 161, Andrew Lawson. Seite 162, Derek Fell. Seite 163, Smithsonian Institute. Seite 164 (oben), Terra Museum of American Art. Seite 164 (unten), Anne Hyde. Seite 165, Derek Fell. Seite 166, Terra Museum of American Art. Seite 167, Derek Fell. Seite 168, Derek Fell. Seite 169, Derek Fell. Seite 170, Garden Picture Library. Seite 171, National Portrait Gallery, London. Seite 172, Godalming Museum. Seite 173, Andrew Lawson. Seite 174/5 Garden Picture Library. Seite 175 (rechts), Godalming Museum. Seite 176, Garden Picture Library. Seite 177, Andrew Lawson. Seite 178/9, Andrew Lawson. Seite 180, Stiftung Nolde Seebüll. Seite 181, Stiftung Nolde Seebüll. Seite 182/3 Stiftung Nolde Seebüll. Seite 184, Bridgeman Art Library. Seite 185, A–Z Botanical. Seite 186, Stiftung Nolde Seebüll. Seite 187, AKG. Seite 188 (links), AKG. Seite 188/9, Stiftung Nolde Seebüll.

Register

Kursive Seitenzahlen beziehen sich auf Abbildungen.

Abstrakter Expressionismus 28, 32
Aitchison, George 172
Aix-en-Provence 103, 104, 106–9
Albers, Joseph 28
Alcázar, Seville 114
Anderson, Karl 167
Antwerpen 93–5, 98–100
Appledore Island, Maine 83–7, *84–91*, 88–91
Argenteuil 47
Arnold-Forster, William 73, 79–80
Arts-and-Crafts-Bewegung 55–60, 176
Audubon, Kapitän 121
Audubon, John James 7, 119–24, *119–20*, *124–5*
Audubon, Lucy 119, 121, 124

Bachman, Rev. John 124
Barragán, Luis 42
Bartlett, Edward 32
Bartlett, Jennifer 7, *26–33*, 27–32
Bauhaus 28
Beckmann, Max 28
Bengtsson, Carl M. 151
Blueroof Farm, Kingston, Ontario *126*, 127–8, *128*, 129–33, *130–1*, *133*
Boabdil 111
Bonnard, Pierre 10, 79
Bonnat, Léon 45
Booth, George 153
Borduas, Paul-Emil 129
Boudin, Eugène 135
Brabazon, Hercules 172
Brancusi, Constantin 66–7, 160
Brant, Isabella 93, 96
Braque, Georges 103, 160
Breton, André 39
Breuer, Marcel 69
Brücke, Die 181, 182
Buckingham, Herzog von 93
Burbank, Luther 35, *41*
Burne-Jones, Edward 53–5, 56, 59, 172
Burne-Jones, Georgiana 60

Cagnes-sur-Mer 9, 14
Caillebotte, Gustave 7, *44–51*, 45–50, 137
Caillebotte, Martial 45
Calderón, Matilde 36
Carlyle, Thomas 53
Carrière, Mathieu 32
Carson, Rachel 132
Casa Azul, Mexico City 7, 35–6, *36–7*, *39*, 40–2
Cassatt, Mary 83
Cézanne, Paul 7, 10, 45, 103–9, *103–4*, 135
Chase Manhattan Bank, New York 70
Chemin des Lauves, Aix-en-Provence 103, 106–9, *107–9*
Chevreul, Michel-Eugène 48, 172, 173
Les Collettes, Cagnes-sur-Mer 8, 9–15, *10–15*
Crane, Walter 172

David, Jacques Louis 121
Davis, Stuart 28
De Kooning, Willem 28
Dekorativer Impressionismus 163
Degas, Edgar 45
Doncieux, Camille 135, 137
Duchamp, Marcel 39
Dufy, Raoul 10
Duncan, Isadora 167
Durand-Ruel, Paul 135–6

Eagles Nest, Cornwall 73–4, *75–6*, *78–9*, 79–81, *81*
Eida, Tassa 63
Eliot, T. S. 79
Erdman, Jolanthe 184–5
Expressionismus 181

Fantin-Latour, Henri 166
Fiquet, Hortense 104
Flammarion, Camille 148
Fourment, Hélène 93, 98
Frieseke, Frederick Carl 7, 163–8, *163–4*, *166*
Frieseke, Sadie 164–5, 166, 167
Fuller, Buckminster 63, 71

Galileo 96
Geffroy, Gustave 51, 106, 137
Generalife-Gärten, Granada 114
Gershwin, George 63
Gill, Mariquita 165
Gilmour, Leonie 66
Giverny 7, 11, 88, *134*, 136, *136–43*, 137–42, 163–5, *163–5*, 166–8, *167–9*
Goya, Francisco de 111
Graham, Martha 67
Greenwich Village, New York *26–33*, 27–8, 32

Hale, Dorothy 35
Hammarskjöld, Dag 159
Hanson, Duane 153
Hariot, Paul 48
Hassam, Childe 7, 83–91, *83*, *88*
Hawk, Jack 129
Heckel, Erich 181
Hepworth, Barbara 7, 63, 74, 145, *154–61*, 155–61
Heron, Delia 73, 79, 80–1
Heron, Patrick 7, *72–81*, 73–81
Hestercombe, Somerset 176–8, *176–9*
Hitchens, Ivon 160
Hoglands, Perry Green 17–25, *18–25*
Housser, Yvonne McKague 129
Hunt, William Holman 55
Huntingdon, Archer Milton 114

IBM Corporation 70
Impressionismus 32, 45–6, 47, 51, 83, 87, 104–5, 109, 112, 135, 136

Jas de Bouffan, Aix-en-Provence *105*, 106, *106*
Jekyll, Gertrude 7, 48, 74, 171–8, *171–9*

Kahlo, Frida 7, 27, *34–43*, 35–42, 148
Kahlo, Guillermo 36, 40
Karl I. von England 96
Kelmscott House, Hammersmith 59
Kent, William 7
Kirchner, Ernst 181
Klee, Paul 181
Kyoto 69–70

Latour-Marliac, Joseph 138–40
Lawrence, D. H. 74
Le Nôtre, André 137
Leach, Bernard 79
L'Écluse, Charles de 100

Léger, Fernand 28
Leroy, Louis 136
Luce, Clare Booth 35
Lutyens, Edwin 171, 175–8

Mackail, J. W. 59
McRae, John 187
Madrid 111, 112, 113, *113–17*, 114–16
Manet, Édouard 45, 47, 105, 135
Mantua, Herzog von 96
Mason, Joseph 122
Matisse, Henri 10, 14, 31, 79, 103
Mauren, die 111–12, 113, 114
Mendelssohn, Felix 171
Mexico City 35–6, 40–2
Millais, John Everett 55
Miller, Lee 74
Milles, Carl 7, 145–53, *145–53*
Milles, Evert 145, 151
Milles, Olga (Olga Granner) 151, 153
Millesgården, Stockholm *144*, 145–6, *146–53*, 151–3
Minnies Land, New York 119, 124
Miró, Joan 10
Modigliani, Amedeo 14
Mondrian, Piet 160
Monet, Alice 137
Monet, Claude 7, 14, 31, 45, 46, 47, 51, 83, 87, 88, 104, 135–42, *135–43*, 163, 164, 168
Monet, Jean 138
Monet, Michel 138
Monteverdi, Claudio 96
Moore, Henry 7, *16–25*, 17–25, 63, 69, 145, 159, 160
Moore, Irina 17, 23–5
Moore, Mary 24
Morris, Jane 55, 59, 60
Morris, William 7, 27, *52–61*, 53–60, 153, 171–2
Munstead Wood, Surrey *170*, 172–3, *173–5*
Muray, Nickolas 40

Nachtegalenpark, Antwerpen *100–1*
New York *26–33*, 27–8, 32, 70, 119
Newlyn 156
Nicholson, Ben 74, 155, 156, 160
Nicholson, William *171*
Noguchi, Isamu 7, 31, 35, *62–71*, 63–71, 145
Noguchi, Yonejiro 64
Nolde, Ada 181–4
Nolde, Emil 7, *180–9*, 181–9

Oakley Plantage, Louisiana 122, *123*
O'Keeffe, Georgia 129
Ondaatje, Kim 7, 127–33, *127–30*
Ondaatje, Michael 129, 130

Page, Ruth 67
Paris 69, 148
Pechstein, Max 181
Penrose, Roland 74
Petit Gennevilliers *44*, 47–51, *48–51*
Philip III., König 96
Picasso, Pablo 10, 39, 103, 160
Pissarro, Camille 45, 46, 51, 104, 105, 135
Präraffaelitische Brüderschaft 55
Provence 9–15, 103–4, 105

Read, Herbert 79, 81
Read, Piers Paul 31
Red House, Kent *52, 56–7*, 59–60, *61*
Reinhardt, Ad 28
Renoir, Aline 9, 11–12, 14
Renoir, Claude 15
Renoir, Jean 11, 14, 15
Renoir, Pierre Auguste 7, 9–15, *9*, 45, 47, 83, 100, 104, 166
Repton, Humphry 7
Ribera, José 112
Rivera, Diego 36–8, 40
Robinson, Edward G. 39
Robinson, Theodore 163–4
Rodin, Auguste 148
Rossetti, Dante Gabriel 55, 59
Rubens, Jan 95
Rubens, Maria 95
Rubens, Peter Paul 7, 27, 93–100, *93, 96–8*
Rubenshuis, Antwerpen *92*, 93–5, *94–5*, 98–100, *99*
Ruskin, John 53, 55
Ryoan-ji, Kyoto 69

Saatchi, Charles and Doris 31, 32
Saint Ives 155–6, 160–1
Schiefler, Gustav 181
Seebüll 181, *182–3*, 184, 185–7, *188–9*
Sickert, Walter 156
Singer, Sidney 31
Sisley, Alfred 45, 104
Skeaping, John 159, 160, 161
Sorolla, Joaquín 7, 27, 111–16, *111*
Soutine, Chaim 14
Stalin, Josef 35
Still, Clyfford 28

Taeuber-Arp, Sophie 160
Taft, William Howard 114
Thaxter, Celia 7, *82*, 83–7, *84–91*, 88–91
Tiffany, Louis Comfort 114
Tiztian 96
Toussaint, Abbé Anatole 138
Trewyn, St. Ives 156, *157–61*, 160–61
Trotzki, Leo 40
Turner, Joseph 156, 178

UNESCO, Paris 69
Utenwarf 181, 184, 185

Valencia 112–14
Van der Kemp, Gerald 142
Van Gogh, Vincent 83
Velázquez, Diego 96, 112

Watts, Alan 64
Webb, Philip 55, 59
Wheeler, Candace 88
Whistler, James McNeill 129, 156, 166
Woolf, Virginia 74
Wren, Sir Christopher 176

Yamaguchi, Shirley 69
Yeats, W. B. 53
Yerres 45, *46–7*, 47, 48

Zen-Gärten 63, 64, 67, 69–70, 71
Zola, Émile 104, 105